鞠彦辉 著

农产品众筹项目商业模式与关键成功因素研究

Nongchanpin Zhongchou Xiangmu Shangye Moshi yu Guanjian Chenggong Yinsu Yanjiu

中国财经出版传媒集团
中国财政经济出版社

图书在版编目（CIP）数据

农产品众筹项目商业模式与关键成功因素研究／鞠彦辉著．--北京：中国财政经济出版社，2019.9
ISBN 978-7-5095-9279-3

Ⅰ.①农…　Ⅱ.①鞠…　Ⅲ.①农产品－融资－研究－中国　Ⅳ.①F323.9

中国版本图书馆 CIP 数据核字（2019）第 218882 号

责任编辑：彭　波　　　　责任印制：党　辉
封面设计：卜建辰　　　　责任校对：徐艳丽

中国财政经济出版社 出版

URL：http：//www.cfeph.cn
E-mail：cfeph@cfemg.cn

社址：北京市海淀区阜成路甲 28 号　邮政编码：100142
营销中心电话：010-88191537
北京财经印刷厂印装　各地新华书店经销
710×1000 毫米　16 开　12.25 印张　158 000 字
2019 年 9 月第 1 版　2019 年 9 月北京第 1 次印刷
定价：58.00 元
ISBN 978-7-5095-9279-3
（图书出现印装问题，本社负责调换）
本社质量投诉电话：010-88190744
打击盗版举报热线：010-88191661　QQ：2242791300

前　　言

当前，我国经济发展进入新常态，正从高速增长转向中高速增长，在经济增速放缓的大背景下，如何继续强化农业基础地位、促进农民持续增收，是必须解决的一个重大问题。由于我国人口多，农业资源相对比较短缺，如何在资源环境硬约束下大力发展农业，生产紧缺和绿色优质的农产品，保障农产品的有效供给和质量安全、提升农业可持续发展能力，是必须应对的一个重大挑战。多年来，我国农业现代化进程中一直存在如信息不对称、农产品滞销、中小农业企业融资难等诸多问题。加之近年来频频被曝出的食品安全问题使人们对农产品质量安全问题给予了更高的关注。在此背景下，农业（农产品）众筹（Crowdfunding）特有的积少成多、以销定产和定制化运作思维让人们看到了解决这些问题的希望。

农业众筹是传统农业与众筹商业模式两者相结合的新兴产物，于2014年正式进入我国，逐渐为大众所知。长久以来，中小农业企业在融资问题上一直处于弱势地位。传统的农产品流通模式较为复杂，从生产者到消费者，要经过多个中间环节，这不仅增加了流通成本，还降低了流通效率，且运输的时滞性使农产品到达消费者时的质量难以保证。在这种大背景下，农业众筹与农业企业在一定程度上处于互为机遇的关系，保守薄弱的中小农业企业成为我国农业众筹开拓发展的新主体和新用户，而全新的众筹筹资模式和经营模式又为中小农业企业的长足发展提供了契机和出路，这说明在我国农业与众筹的结合是一种必然。

本书各章主要研究内容：

第一章首先分析了研究背景与研究意义，在此基础上提出所要研究的问题：（1）如何构建有效的农产品众筹项目商业模式？（2）影响农产品众筹项目筹资成功的关键因素有哪些？（3）如何才能有效提高农产品众筹项目筹资的成功率？在研究目标的指引下，形成以下四个方面的研究内容：（1）基于商业模式一般性研究框架、基于商业模式九要素模型、基于魏朱商业模式六要素模型、基于 Hamel 桥接模型、基于 Bouwman 商业模式结构、基于商业模式整合表达模型分别研究六个农产品众筹项目商业模式。（2）分析影响农产品众筹项目筹资成功的关键因素并进行实证研究。（3）农产品众筹项目的 SWOT 分析。（4）农产品众筹项目发展的对策建议。

第二章分析了农产品众筹的定义、农产品众筹项目的参与主体及具体业务和农产品众筹项目具体运作流程。从众筹项目商业模式和关键成功因素两大方面进行了文献综述，其中众筹项目成功关键因素细分为与众筹项目特点相关的众筹项目筹资成功影响因素研究、与众筹项目运作相关的众筹项目筹资成功影响因素研究和与众筹平台功能相关的众筹项目筹资成功影响因素研究三方面。

第三章基于商业模式一般性研究框架、基于商业模式九要素模型、基于魏朱商业模式六要素模型、基于Hamel桥接模型、基于Bouwman商业模式、结构基于商业模式整合表达模型分别构建了六个农产品众筹项目商业模式模型，结合六个典型的农产品众筹项目案例，分析了六个农产品众筹项目商业模式的运作过程。本章构建的六个农产品众筹项目商业模式分析框架更具一般性、通用性，组件要素的概括性、分析的系统性使得构建的商业模式不仅适用于描述与分析不同行业、不同组织的产品型众筹项目商业模式，还能够分析基于业务视角的多个组织共同构建的众筹项目商业模式。丰富并完善了农产品众筹项目商业模式的理论体系，可为政府农村建设管理部门、农产品众筹平台、电商企业、农村电商扶贫团队、农户和个人进行农产品众筹提供对策建议和理论参考。

第四章从农产品众筹项目的农产品特色和项目特色因素、农产品众筹项目运作管理因素和多方社会资源合作因素三大方面分析了农产品众筹项目关键成功因素。其中农产品众筹项目运作管理因素细分为建立众筹平台市场准入制度和众筹平台严格的项目审核机制、农产品众筹项目运作中的宣传推广、沟通交流因素和农产品众筹项目流程管理因素三个方面。多方社会资源合作因素包括加强农产品众筹项目内部团队建设及协作、加强多部门合作和充分利用外部社会资本三个方面。

第五章分析了农产品众筹项目的优势（strength）、劣势（weakness）、机会（opportunity）和威胁（threat）。优势方面主要包括：农产品众筹是有效解决中小农业企业创业资金短缺问题的重要方式、农产品众筹是一种创新的多方共赢的商业模式，农产品众筹有助于促进中小农业企业的发展，有助于解决食品安全问题，农产品众筹项目比较容易发起、运作信息透明。劣势方面主要包括：农产品众筹相关法律法规与监管机制不健全、农产品众筹平台专业化程度较低，农产品众筹项目形式单一、农产品众筹项目筹资成功后回报的农产品物流配送成本较高，农产品众筹项目运作存在风险、消费者对农产品众筹缺乏信任、消费者参与农产品众筹项目的积极性较低。机会方面主要包括：国家政策支持、中小农业企业融资需求、信息技术和冷链物流技术的发展及应用、消费者素质的提升有利于农产品众筹模式的推广及应用。威胁方面主要包括：外部模仿的风险。

第六章从政府政策方面、农产品众筹项目发起人方面、农产品众筹项目发布平台方面和农产品众筹项目支持人方面提出农产品众筹项目发展的对策建议。政府政策方面的具体对策建议：完善农产品众筹相关法律法规体系、完善农村互联网软硬件基础设施和农产品物流配送体系、加强对农民互联网操作和农产品众筹知识的培训。农产品众筹项目发起人方面具体的对策建议：提高农民和消费者对农产品众筹的认知度，应用各类媒体构建农产品众筹项目宣传推广渠道，选择声誉高的农产品众筹项目发布平台，设计极具特色的农产品众筹项目，保证要众筹的农产品质量高，完善农产品质量资格认证工作，加强农产品众筹项目发起人及其团队信用体系建设，创新农产品众筹模式，加强与农业合作社和政府部门的合作，构建农产品众筹项目风险防控体系和风险补偿机制。农产品众筹项目发布平台方面具体的对策建议：制定严格的众筹项目准入机制，加强对农产品众筹项目运作信息的披露，加强对农产品众筹项目筹资的管理、建立多元化的盈利机制，构建合理的农产品众筹项目评价机制，加强对农产品众筹项目发起人知识产权的保护，构建有效的利益协调机制。农产品众筹项目支持人方面具体的对策建议：选择信誉高、运行良好的农产品众筹平台发布的众筹项目，学习众筹项目和有关农产品的知识、培养独立的判断能力，及时关注农产品众筹平台更新的众筹项目运作信息，学习农产品众筹筹资相关的法律法规知识。

第七章总结全书主要结论、主要贡献、对实践的启示和不足之处，并展望需要进一步研究的问题和方向。农产品众筹未来发展将走向服务化，发起人与支持人需要的不仅仅是一个信息对接平台，他们还需要农产品众筹能够提供更多层次的服务。

本书对于进一步促进农产品众筹的发展和提高农产品众筹项目的成功率和筹资效率有重要的理论意义和实践意义。众筹既是一种全新的融资模式，也是一种全新的商业模式。作为一种建立在智能终端、大数据以及互联网技术基础上的新金融业态，众筹从业务模式、业务渠道、成本结构、运营效率等方面，对传统金融业态形成了一定冲击。从学术价值角度看，研究农产品众筹项目商业模式与关键成功因素问题具有重要的学术价值，对国内外互联网金融、普惠金融等金融学科发展有一定的贡献。目前农产品众筹在实践中运用较多，但理论研究明显滞后，本书通过研究农产品众筹项目商业模式与关键成功因素，寻找农产品众筹发展的内在运行机理，可以为农产品众筹的研究提供比较重要的理论支撑，为有效实现互联网金融与农业发展的深度融合提供理论依据。

作为一种全新的商业模式，农产品众筹项目的实施过程包含宣传推广、市场预期需求调查与预售等过程，对于一个计划实施的创意或项目而言，众筹的过程就是检验这一创意或项目是否具有市场价值的过程。农产品众筹积极地推动了农产品营销模式的转型。这种全新的商业模式为农企（农户）提供了急需的资金，降低了农产品生产的风险，同时满足了消费者对食品安全的要求，丰富了农产品市场，提高了农产品销售量，为传统农业拓宽了发展道路。对农产品众筹模式的探索，可以为农产品提供好的网络销售平台，也可以满足消费者日益增长的对优质农产品的需求。从实际应用价值角度看，众筹平台与农民智慧及大众资金的融合已经成为重要的趋势。开展农产品众筹项目商业模式与关键成功因素的研究具有实际应用价值，符合我国目前新常态经济发展的实际需要，既具有深刻的现实意义，也蕴藏着的巨大的研究空间。本书能够在一定程度上推动农产品众筹在我国的发展，可以为我国农产品众筹发展对策的制定提供重要的决策参考；有助于促进农产品众筹项目成功，解决部分农产品销售难的问题，为农产品食品安全保障提供建设性对策；为农产品众筹项目的实操提供指导性意见，能够帮助农产品众筹项目发起人更加有效地发起众筹项目；可以为农产品众筹平台的项目筛选提供参考依据。分析已有的农产品众筹项目商业模式的优缺点及其存在问题，提出改善策略，为其持续、长远的发展提供依据，对农产品众筹筹资大有裨益。将众筹筹资的创新思维引入农产品生产、销售创新项目建设中，利用众筹平台发布农产品众筹项目，让它以更透明、更公开、更公正的方式呈现在网络环境中并接受消费者的监督，将成为农产品生产、销售创新项目建设的新途径，会产生更好的应用价值和社会价值。

目　录

农产品众筹项目商业模式与关键成功因素研究

Chapter 1

第一章　绪　　论

一、研究背景与研究意义

（一）研究背景

当前，我国经济发展进入新常态，正从高速增长转向中高速增长，在经济增速放缓的大背景下，如何继续强化农业基础地位、促进农民持续增收，是必须解决的一个重大问题。由于我国人口多，农业资源相对比较短缺，如何在资源环境硬约束下大力发展农业，生产紧缺和绿色优质的农产品，保障农产品的有效供给和质量安全，提升农业可持续发展能力，是必须应对的一个重大挑战（新华社，2019）。多年来，我国农业现代化进程中一直存在如信息不对称、农产品滞销、中小农业企业融资难等问题。加之近年来频频被曝出的食品安全问题使人们对农产品质量安全问题给予了更高的关注。在此背景下，农业（农产品）众筹（crowdfunding）特有的积少成多、以销定产和定制化运作思维让人们看到了解决这些问题的希望（谭汉虎，2018）。

农业众筹是传统农业与众筹商业模式两者相结合的新兴产物，于2014年正式进入我国，逐渐为大众所知。长久以来，中小农业企业在融资问题上一直处于弱势地位。传统的农产品流通模式较为复杂，从生产者到消费者，要经过多个中间环节，这不仅增加了流通成本，还降低了流通效率，且运输的时滞性使农产品到达消费者时的质量难以保证。在这种大背景下，农业众筹与农业企业在一定程度上处于互为机遇的关系，保守薄弱的中小农业企业成为我国农业众筹开拓、发展的新主体和新用户，而全新的众筹筹资模式和经营模式又为中小农业企业的长足发展提供了契机和出路，这说明在我国农业与众筹的结合是一种必然（杨婉茹，2017）。

1. 经济新常态背景下农民创新创业项目融资难的现状对传统融资模式提出了新的挑战

当前，中国经济发展进入新常态，2015 年 3 月李克强总理在《政府工作报告》中提出“大众创业、万众创新”，成为中国经济增长新引擎。2016 年中央“一号文件”《关于落实发展新理念加快农业现代化　实现全面小康目标的若干意见》提出“破解‘三农’难题，必须坚持不懈推进体制机制创新，着力破除城乡二元结构的体制障碍，激发亿万农民创新创业活力，释放农业农村发展新动能”（国务院，2015）。经济新常态背景下，农民创新创业的发展思路需要转变，创业更多的是要与专业、与科技创新相结合。大力发展“互联网+农业”和农村电子商务，鼓励农民网上创业，是经济新常态下的必然选择。农产品的生产和销售作为农民网上创业的主体项目日益受到关注，促进了农业农村经济发展和农民持续增收。近年来，国家不断加大强农、惠农、富农政策支持力度，但投向农业的资金总量偏小，政策性金融支持力度不够；由于农业生产的分散性和高风险性，银行等金融机构对农民惜贷，这导致农民创新创业项目的资金需求难以得到满足，政府引导、农民主体、多方参与的农业产业建设的长效机制尚未形成，解决这一矛盾需要设计创新的融资模式。基于互联网的众筹筹资模式，为缺乏抵押物的筹资者提供了新的筹资途径，是支持农民网上创业项目发展的一种创新性的筹资渠道。

传统意义上的众筹是指面向大众筹集所需资金。早在西方就有为自由女神像底座众筹，中国古代众筹修建寺庙等。现代意义上的众筹以在线的方式从支持者处获得资金，去支持完成一个项目。众筹，也称群众筹资，或大众筹资，是中小微企业、个人或非营利组织借助互联网和社交媒体向公众展示创意，争取公众关注和支持，筹集小额资金以启动项目。众筹具有以下特征：众筹是基于社交媒体的互联网金融模式；众筹创新了中小微企业的融资渠道；众筹支持创业、创新和创意。农产品众筹是采用互联网和社交网络变革原有的农产品生产、销售流程，让消费者参与其中，农产品状态可追溯，倡导食品安全，提前汇集订单，农产品生产者可提前组织生产，通过互联网、众筹和大数据推动订单农业的发展（赵海鸥，2014）。农产品众筹解决了农产品安全、信息不对称、中间环节过多等问题，而且增加了农民收益，具有十分广阔的应用前景。在很多情况下，产品众筹是预售的一种形式（Paul Belleflamme，2013），这类似于电子商务交易中“预购+团购”形式的购买过程。但由于其预售性、排他性和目标金额要求等，使得产品众筹在本质上有别于其他简单的团购。这种电子商务模式强调众筹两个关键的挑战：首先，必须建立良好的外部链接到潜在消费者（高“点击率”）；其次，必须优化产品描述，让消费者看后有高的购买率（高“转换率”）或出高的购买价格（高“篮子值”）。

农业（农产品）众筹作为我国“互联网+”模式下的融资扶贫新渠道，一经出现便引起了学术界和实业界的广泛关注。众筹作为一种互联网金融的创新模式，是对传统融资方式的补充，其主要形式是利用互联网向公众发布和展示个人的创意和项目，争取大众的广泛关注和支持，进而获得所需要的资金来完成创意和项目，并对支持人予以一定形式的回报。农产品众筹通过平台向消费者筹集预订资金，这种类似于农产品“预购+团购”的农业发展模式，在一定程度上解决了农民创业项目的资金需求问题，提高了农民初创项目在市场中的生存能力，加快促进农民持续增收。

2. 互联网金融环境下农产品众筹筹资模式的不断发展与完善急需有力的理论支撑

农业众筹于2014年年初进入我国，将新型商业模式应用于农业领域，无疑是一种风险与机遇并存的创新之举。众筹作为一种新的融资渠道，相比于传统的融资渠道在降低融资成本、提高融资速度和降低投融资门槛等方面有明显的优势，以其去中介化的特质在一定程度上解决了信息不对称的难题。众筹平台提供的社交功能提高了发起人和支持人的对接效率（孙永祥，2014），降低融资搜寻成本，与初创期小微经济体融资具有较好的匹配性（李建军等，2014）。依托商业模式创新与信息技术创新，众筹能够有效地解决传统金融由于门槛高、成本高而产生的覆盖群体有限、服务质效不高等问题，使更多的人享受到互联网普惠金融的益处，可以说众筹肩负普惠金融落实的重任（国务院，2015）。随着互联网金融的快速发展，农业众筹有望成为“互联网+”这一国家发展战略下支持农民创新创业的动力源泉，农民创业融资难的问题可在一定程度上得到有效解决。

3. 食品安全和电商精准扶贫的现实需要

中国农业（农产品）生产者收入普遍偏低，这是由现有的农产品销售模式和渠道所决定的。生产者面对采购商，没有议价能力，农业很多领域是渠道商决定了生产者的行为；生产者不知道消费者喜欢吃什么，只知道采购商想要什么。有两股大潮驱动着农产品众筹的形成与发展：天性与安全。在互联网时代，生产者和消费者通过众筹方式，打通农产品的销售渠道，为消费者提供优质的农产品，也为生产者提供了增加收入的机会，因此农产品众筹是很好地用来连接农产品生产者和消费者的工具。农业众筹通过延伸传统农业产业链，满足消费者对农产品从田间到餐桌等多层次的需求，助攻食品安全。农产品众筹模式下农产品流通环节减少，消费者与生产者可以直接联系，农产品生产者向消费者提供全程监控农作物生长或邀请消费者亲自参与农产品生产过程的服务，保证了农产品的绿色安全（周宇燕、时洪洋，2017）。

随着网络信息技术的应用及发展，农业众筹已成为我国精准扶贫的新形式，对于缓解中小农业企业融资难、推动我国精准扶贫工作、促进农村经济发展、帮助贫困农民精准脱贫等具有重要作用。2016

年，江苏点石集团率先开启“电商+农业众筹”精准扶贫新模式。2017年12月，阿里巴巴成立脱贫基金，宣布利用电商平台优势助力农业众筹脱贫。2018年5月，京东联合腾讯开展“特产中国”公益助农精准扶贫新模式（阮素梅、蔡茹雪，2019）。

（二）研究意义

农产品众筹项目有哪些不同的商业模式？影响农产品众筹项目成功的关键因素有哪些？研究这些问题对于深刻认识农产品众筹项目的市场行为和驱动因素具有重要意义，对于进一步促进农产品众筹的发展和提高农产品众筹的成功率和融资效率具有重要的理论意义和实践意义。

1. 理论意义

众筹既是一种全新的融资模式，也是一种全新的商业模式。作为一种建立在智能终端、大数据以及互联网技术基础上的新金融业态，众筹从业务模式、业务渠道、成本结构、运营效率等方面，对传统金融业态形成了一定冲击。从学术价值角度看，研究农产品众筹项目商业模式与关键成功因素问题具有重要的学术价值，对国内外互联网金融、普惠金融等金融学科发展有一定的贡献。目前农产品众筹在实践中运用较多，但理论研究明显滞后，本书通过研究农产品众筹项目商业模式与关键成功因素，寻找农产品众筹发展的内在运行机理，可以为农产品众筹的研究提供比较重要的理论支撑，为有效实现互联网金融与农业发展的深度融合提供理论依据。

2. 实践意义

作为一种全新的商业模式，农产品众筹项目的实施过程包含宣传推广、市场预期需求调查与预售等过程，对于一个计划实施的创意或项目而言，众筹的过程就是检验这一创意或项目是否具有市场价值的过程。农产品众筹积极地推动了农产品营销模式的转型。这种全新的商业模式为农企（农户）提供了急需的资金，降低了农产品生产的风险，同时满足了消费者对食品安全的要求，丰富了农产品市场，提高了农产品销售量，为传统农业拓宽了发展道路。对农产品众筹模式的探索可以为农产品提供好的网络销售平台，也可以满足消费者日益增长的对优质农产品的需求（易丹妮，2017）。从实际应用价值角度看，众筹平台与农民智慧及大众资金的融合已经成为重要的趋势。开展农产品众筹项目商业模式与关键成功因素的研究具有实际应用价值，符合我国目前新常态经济发展的实际需要，既具有深刻的现实意义，也蕴藏着的巨大的研究空间。本研究能够在一定程度上推动农产品众筹在我国的发展，可以为我国农产品众筹发展对策的制定提供重要的决策参考。有助于促进农产品众筹项目成功，解决部分农产品销售难的问题，为农产品食品安全保障提供建设性对策。为农产品众筹项目的实操提供指导性意见，能够帮助农产品众筹项目发起人更加有效地发起众筹项目。可以为农产品众筹平台的项目筛选提供参考依据（荣娅，2016）。分析已有的农产品众筹项目商业模式的优缺点及其存在问题，提出改善策略，为其持续、长远的发展提供依据，对农产品众筹筹资有所裨益。将众筹筹资的创新思维引入到农产品生产、销售创新项目建设中，利用众筹平台发布农产品众筹项目，让它以更透明、更公开、更公正的方式，呈现在网络环境中并接受消费者的监督，将成为农产品生产、销售创新项目建设的新途径，会产生更好的应用价值和社会价值。

二、研究问题的提出

搭建农产品电商交易平台和鼓励支持农产品众筹融资，不仅能够引领我国传统农业向信息化、标准化、品牌化的现代农业转变，而且能打开优质农产品的销路、进入更大的市场。如果要通过培育新动能来化解农业结构性矛盾，农产品众筹商业模式是值得培育的新动能。但由于农产品生产周期较长，无论是发达国家还是发展中国家的农业众筹项目，其筹资成功率都比较低，农业众筹呈现出规模小、首次筹资成功率低、再次筹资成功率更低的特征。这样的情况与去传统金融机构融资的成功率无法相提并论。产生这一现象的原因何在？如何构建有效的农产品众筹项目商业模式？影响农产品众筹项目筹资成功的关键因素有哪些？如何才能有效地提高农产品众筹项目筹资的成功率？只有解决了筹资成功率低的问题，才能促进农业众筹平台快速、稳定、健康的发展，才能从根本上应用众筹模式解决农产品生产经营中资金短缺、筹资难、销售难等问题。因此，亟须一套科学有效的理论与方法，开展农产品众筹项目商业模式与关键成功因素研究，以支持农民创新创业众筹项目的成功筹资和实施。本书不仅为破解我国农民创业融资难难题提供一个新的思路，而且为农产品众筹项目筹资模式的健康发展提供有力的理论支撑。

三、研究目的与研究内容

（一）研究目的

根据目前我国农产品众筹项目运作实践，提出农产品众筹项目商业模式与关键成功因素中典型、普遍和重要的问题，力图从理论研究和实证研究方面实现以下目标：

理论方面：将通过研究农产品众筹项目商业模式与关键成功因素实现以下目标：构建基于商业模式一般性研究框架、基于商业模式九要素模型、基于魏朱商业模式六要素模型、基于 Hamel 桥接模型、基于Bouwman商业模式结构、基于商业模式整合表达模型的六个农产品众筹项目商业模式；应用多案例方法研究农产品众筹项目关键成功因素，从而为农产品众筹项目的成功和发展提供理论指导。

实证方面：本着理论源于实践并服务于实践的原则，结合农产品众筹项目的实际运作情况，将理论研究成果进行实证分析，以解决当前农产品众筹项目筹资成功率低的问题。基于SWOT理论分析了农产品众筹项目发展的优势、劣势、机会和威胁情况，提出农产品众筹项目发展的对策建议，为我国农产品众筹项目的实践运作提供建设性的参考依据。

（二）研究内容

本书要研究的问题是：从实际问题“如何有效提高农产品众筹项目筹资成功率”而引申的科学问题——“基于中国管理实践的农产品众筹项目商业模式与关键成功因素研究”。它要求从农产品众筹项目筹资的实际情况出发，在现状层面分析农产品众筹项目筹资存在的问题，在理论层面研究农产品众筹项目商业模式与关键成功因素，在对策建议层面研究促进农产品众筹项目筹资成功的对策建议。各部分研究内容及其逻辑关系如图1－1所示：

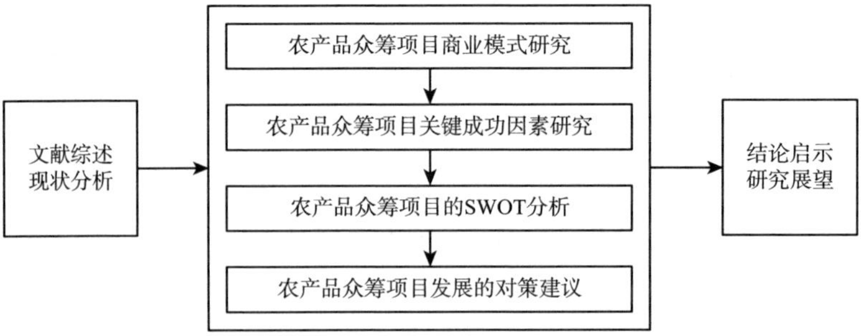

图1－1　研究内容及其逻辑关系

本书的内容包括以下七章：

第一章，绪论。研究背景与研究意义，研究内容与研究目的，研究思路与研究方法，主要创新点。

第二章，文献综述。分析了农产品众筹项目运作特点，从众筹项目商业模式相关研究、众筹项目关键成功因素相关研究两方面进行了文献综述，理清研究的基本内容，明晰研究范畴。通过实地调研和网络调研，分析农产品众筹项目筹资的现状及存在的深层次问题，为后续研究提供现实问题基础。

第三章，农产品众筹项目商业模式研究。包括基于商业模式一般性研究框架、基于商业模式九要素模型、基于魏朱商业模式六要素模型、基于 Hamel 桥接模型、基于 Bouwman 商业模式结构、基于商业模式整合表达模型的六个农产品众筹项目商业模式研究。

第四章，农产品众筹项目关键成功因素研究。识别影响农产品众筹项目筹资成功的关键因素并进行实证研究。通过实证检验才能证明影响因素对农产品众筹项目筹资成功的解释力。

第五章，应用 SWOT 方法分析农产品众筹项目发展的优势、劣势、机会和威胁情况。

第六章，本书研究内容遵循理论来源于实践并服务于实践的原则，从政府政策、发起人、众筹平台和支持人方面，提出农产品众筹项目发展的对策建议。

第七章，结论与展望。总结全书研究内容并展望需要进一步研究的问题。

四、研究思路与研究方法

（一）研究思路

在现有的理论研究和研究相关成果的基础上，广泛地进行实地调研、网络调研，本着“提出问题→分析问题→解决问题”的逻辑顺序，采取定性和定量相结合的方法进行研究。具体的研究思路、研究内容、研究方法如图 1 -2 所示。

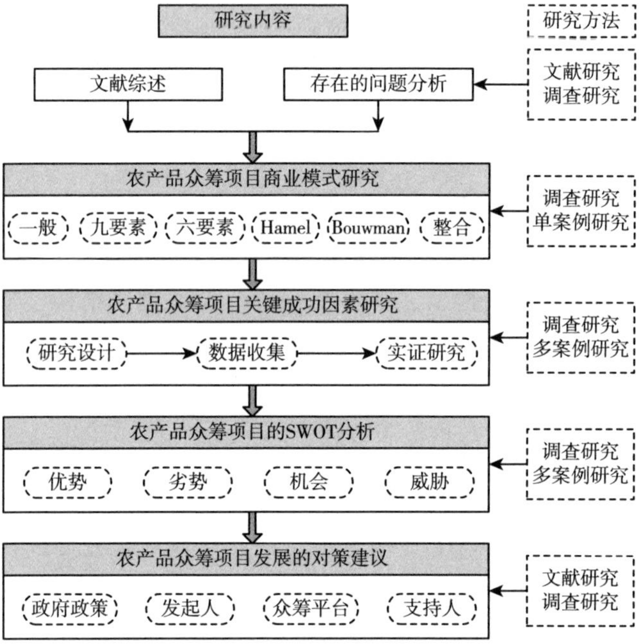

图 1 -2　研究内容、研究方法和技术路线

(二) 研究方法

文献研究法。通过在 EBSCO、elsevier、springer、emerald、中国知网、万方等学术网站上收集关于农产品众筹相关文献。通过回顾相关文献后了解当前关于农产品众筹项目商业模式与关键成功因素的研究现状，结合农产品众筹平台和农产品众筹项目自身的特点研究农产品众筹项目商业模式与关键成功因素。

调查研究法。通过网络调研、实地调研收集、整理研究需要的案例，用于分析农产品众筹项目商业模式和农产品众筹项目成功的关键影响因素。

案例分析法。案例分析法通过经过实践检验的案例分析，揭示和验证理论，对于解决发展历史较短、较为新颖的农产品众筹现象研究意义重大，它避免了研究数据缺少的问题。本书应用单案例研究方法实证验证构建的六个农产品众筹项目商业模式，应用多案例研究方法实证验证农产品众筹项目关键成功因素和农产品众筹项目发展的优势、劣势、机会和威胁情况，具有较强的逻辑说服力。

五、研究的创新点

（一）研究视角创新

以农产品众筹项目特有的运作模式为切入点是本书研究的创新点。农产品众筹为农户、小型农企融资难问题提供了非常独特的研究视角，同时中国现有的背景极易引起学术前沿的关注。现有的研究成果大都只是对整个众筹行业的研究，细化到农业众筹、农产品众筹领域的研究还比较少。相比整个众筹行业，农产品众筹项目会表现出不同的特征。本书在农产品众筹项目案例选择上，不局限于某一家众筹平台，选择多家农产品众筹平台的案例作为研究样本。

（二）研究内容创新

系统梳理和分析目前农产品众筹项目中存在的深层次问题，剖析农产品众筹项目成功的关键影响因素，从系统工程高度研究农产品众筹项目商业模式与关键成功因素，这在一定程度上丰富了当前关于农产品众筹的研究。

六、本章小结

本章首先分析了研究背景与研究意义，在此基础上提出所要研究的问题：（1）如何构建有效的农产品众筹项目商业模式？（2）影响农产品众筹项目筹资成功的关键因素有哪些？（3）如何才能有效提高农产品众筹项目筹资的成功率？在研究目标的指引下，形成以下四个方面的研究内容：（1）基于商业模式一般性研究框架、基于商业模式九要素模型、基于魏朱商业模式六要素模型、基于 Hamel 桥接模型、基于 Bouwman 商业模式结构、基于商业模型整合表达模型分别研究六个农产品众筹项目商业模式。（2）分析影响农产品众筹项目筹资成功的关键因素并进行实证研究。（3）农产品众筹项目的 SWOT 分析。（4）农产品众筹项目发展的对策建议研究。

农产品众筹项目商业模式与关键成功因素研究

Chapter 2

第二章　文献综述

本书的研究目标是构建农产品众筹项目商业模式与分析农产品众筹项目关键成功因素，根据研究内容的主题词：农产品众筹项目商业模式、农产品众筹项目关键成功因素，笔者将从农产品众筹项目运作特点、众筹项目商业模式、众筹项目关键成功因素三个方面，对国内外研究成果进行归纳和分析。

一、农产品众筹项目运作特点分析

（一）农产品众筹的定义

2006 年，迈克尔·萨利文（Michael Sullivan）在其个人微博中使用“crowdfunding”一词，并在维基百科中将之定义为“群体性的合作，人们通过互联网汇集资金以支持他人或组织发起的项目。”Schwienbacher 和 Larralde（2010）将众筹视为众包（crowdsourcing）的一种特例，是一种借助互联网进行公开募集资金的方式，通过捐赠、欲购商品或享有获得其他回报的权利等方式，对具有特定目的的项目提供资金支持。Rubinton（2011）认为，众筹是众包的一种应用，是通过提供捐赠、主动投资和被动投资三种融资机会为潜在的项目进行融资。

从投资回报的角度众筹模式分为四类：产品或预售式众筹（reward - based or Presales）、捐赠式（公益）众筹（donation - based）、借贷或债务式众筹（lending or debt - based）、股权式众筹（equity - based），如表 2 - 1 所示。

表 2 - 1　众筹模式的分类及基本定义

众筹模式	基本定义
产品或预售式众筹	投资者对众筹项目进行投资，获得产品或服务
捐赠式（公益）众筹	投资者对众筹项目进行无偿捐赠，暂没有实物回报
借贷或债务式众筹	投资者对众筹项目进行投资，获得其一定比例的债权，未来获取利息收益并收回本金

续表

众筹模式	基本定义
股权式众筹	投资者对众筹项目进行投资，获得其一定比例的股权，未来有权获得一定的控制权和相应的分红

产品众筹，又称预售众筹、奖励众筹、权益众筹、消费型众筹、回报众筹、实物众筹。农产品众筹定义：支持人（消费者）将资金提供给项目发起人（企业或个人）用以生产某种优质、特色农产品，在该农产品开始对外销售或已经具备对外销售条件后，项目发起人按照双方的约定，用生产完的农产品回报支持人的一种既融资又销售的模式（张岩等，2018）。农产品众筹指在传统的农业生产和流通领域开展的众筹活动，其经营模式通常为农业生产者在众筹平台上发起项目，筹集公众资金，项目筹资成功后再进行农产品生产，完成配送。依托众筹平台，直接实现发起人与支持人的双向互动，整个过程中农产品众筹项目发起人通过众筹获得了生产农产品所需的资金，而支持人可以获得相应的农产品或其他方式的回报，有点类似于农产品的预售。人们形象地称这种模式为“从田间到舌尖”的模式（刘仍前，2017）。农产品众筹是农业与互联网金融的结合，不仅体现为中小农业企业的一种融资创新，更是农业产业链重塑的过程。

（二）农产品众筹项目的主要参与主体及具体业务分析

农产品众筹模式也是一种广义的社交方式，通过众筹平台形成一个跨区域、跨行业的“农业社区”，通过支持人与发起人对项目的共同认知达成合作。农产品众筹项目的主要参与主体包括项目发起人、众筹平台和项目支持人。

1. 农产品众筹项目发起人

项目发起人是指具有好的农产品创意项目而缺乏资金支持的人，

他们在农业众筹中往往扮演项目的责任人。包括电商企业、农业企业、农村合作社或个人等。若想在农产品众筹平台上成为众筹发起人，首先必须具有可行的项目或者创意，同时满足平台审核的要求（如国籍、教育学历、年龄和银行账户等）；其次，发起的项目应完全自主。项目发起人通过与众筹平台签订代理合同，明确双方的权利和义务。

2. 农产品众筹平台

农产品众筹平台是连接项目发起人和项目支持人的桥梁，是众筹项目业务运作的控制者，发起人项目的指导者、审核监督者，项目支持人的利益维护者。农产品众筹平台具备成熟的项目设计能力、风险控制能力和运作管理能力，对项目发起人起到审核、监督以及辅导作用，能够对农产品众筹项目进行有效包装和积极推广，并且把维护项目支持人的利益放在首位。众筹平台首先要具备成功管理项目的能力，要有一个强大的团队，要审核发起人申请的项目是否可行；当项目通过审核，发起人在平台上进行筹资，平台应能够实时监控众筹项目运作情况；最后，当项目不能执行时，众筹平台有监督项目发起人返还支持人出资的义务（付新，2016）。众筹平台很大程度上决定了众筹项目的成败。现阶段，综合类众筹平台的知名度高，影响力大，管理运作规范，有更多的潜在支持人愿意在这类平台驻足浏览并考虑参与众筹。

3. 农产品众筹项目支持人

农产品众筹项目的支持人大都对众筹的项目感兴趣，是众筹农产品的偏好者，他们根据对优质农产品的钟爱、出于对食品安全的考虑等因素，在众筹平台上根据项目发起人制定的价格或支持额度进行相应的在线资金支持，当项目众筹成功后，项目支持人得到与支持金额相对应的农产品实物回报。农产品众筹项目支持人的积极参与让其得到依靠传统融资模式无法推出的农产品，满足了众筹支持人作为小众用户的个性化消费需求。

（三）农产品众筹项目运作流程分析

从项目管理角度出发，按农产品众筹项目开始、筹资、运营和完成四个阶段，通过分析每个阶段参与主体的具体业务来分析众筹项目运作流程，如图2-1所示。

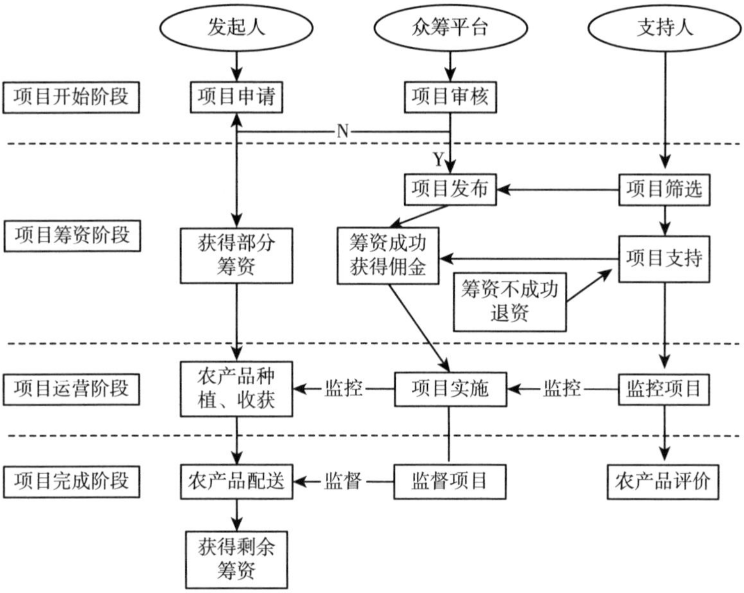

图2-1　农产品众筹项目运作流程

1. 项目开始阶段

（1）项目设计和申请。①项目设计。农产品众筹项目发起人首先在进行实地调研的基础上设计出切实可行的方案。方案要综合考虑各种因素，紧扣主题、创意突出，能吸引消费者的注意力，让消费者预想到参与项目后对众筹到的农产品会非常满意。②项目申请。项目发起人在众筹平台上注册账号并提供资质材料，通过平台审核后即可发布项目申请。项目发起人需要填写整个项目的详细信息。众筹平台对项目支持人没有严格的限制，支持人有可进行支付的银行账户即可。

（2）项目审核。众筹平台依据严格的项目发布规范对要发起的项目进行审核。审核众筹项目发起人资质证明，审核众筹项目相关信息的真实性、可行性、合理性，并向消费者提供充分的风险提示和免责声明。

2. 项目筹资阶段

（1）项目发布，上线运行。农产品众筹项目通过审核后即可发布上线。众筹平台给予众筹项目相关的技术支持。发起人需要在项目主页上充分展示项目信息，运用文字、图片、视频等多种方式对项目进行详细的描述。项目发起人利用多种方式对项目进行宣传、推广。

（2）进行筹资。众筹项目发起人对众筹项目的详情进行更新，及时上传众筹项目线下发展情况、项目筹资变更等相关信息。在众筹项目筹资期间，消费者可以通过众筹平台浏览项目，根据相关信息决定是否支持此众筹项目。

（3）筹资结束。众筹项目具有阈值机制：如果在众筹期限内完成众筹目标金额，众筹项目成功。筹资成功后，众筹平台在收到项目发起人的首款申请时，会将首款转付至项目发起人账户，待项目支持人收到农产品回报后，众筹平台会将剩下的余款转付给项目发起人。如果在众筹期限内，没有完成目标金额，则众筹项目失败，已筹资金会返还至支持人账户。

3. 项目运营阶段

农产品众筹项目筹资成功后即可按照预定的计划进行项目经营或者农作物生产。部分农作物由于季节关系，需要等待种植，待农作物成熟后，发起人对农产品进行质量检验，支持人可根据众筹平台的反馈信息查询农产品状态。

4. 项目完成阶段

农产品生产结束后，发起人根据支持人不同的支持等级分别配送相应的农产品实物回报。支持人可查询物流配送信息，可根据农产品质量进行评价。众筹平台将剩余款项打入发起人账户。

（四）农产品众筹项目运作特点分析

与其他类型的众筹（公益众筹、债权众筹和股权众筹）相比，农产品众筹具有一定的特殊性，具体表现为：

（1）项目发起人类型多元化，包括个人、农业企业、社群电商企业、农村电商团队等，只要有创意、有需求都可以发起项目。对支持人的参与资格没有具体要求，不受收入、年龄等条件的限制，只要有独立的银行账号、懂基本的网络操作即可，参与门槛较低，是真正面向大众的筹资模式。

（2）注重农产品众筹项目的创意，拥有十足创意或创新的项目才能获得支持人的肯定。需要对农产品众筹项目的筹资用途、筹资目标金额、支持金额档次、物质回报设置等情况一一说明。

（3）通过分析淘宝众筹、京东众筹、众筹网、苏宁众筹和开始吧众筹等主流众筹平台上发布的农产品众筹项目的统计数据，可以看出项目发布总量较少，人均支持额度较少。

（4）农产品众筹的发展和应用还处于初步阶段，众筹相关的法律法规还存在很多盲区，监管机制缺失，成熟的管理机制尚未建立。

（5）受传统思想观念的束缚以及其他类型网络集资诈骗的影响，大多数人对农产品众筹这一基于网络平台的新型筹资模式还持观望态度，公众对其认知度低，接受程度低。统计表明，农产品众筹项目的支持人以较易接受众筹这种新型网络筹资模式的年轻人为主。

（6）在风险控制方面，绝大多数农产品众筹项目只有简单的风险说明，筹资风险控制策略较简单。众筹平台无法对项目的回报执行进行监督，如果在发放项目回报的过程中出现争议，众筹平台有免责权。

二、众筹项目商业模式相关研究

什么是商业模式？国内外众多学者和实业界人士进行了大量研究，分别给出了商业模式的定义、特点和构成元素，归纳起来，关于商业模式主流研究有三种方法的定义，即从商业模式的结构、运作和动态分析来定义。众筹作为互联网金融的一种方式，其本质上是一种创新的商业模式，它改变着人们的思维，改变着创业者的商业运作方式，使他们摆脱了传统意义上必须到银行等金融机构进行融资的思维，拓宽了直接融资的渠道。众筹作为一种商业模式，打通了筹资者、运营者和消费者之间的间隔，实现了三者的对立统一关系，在众筹项目的运作中除了生产经营主线外，增加了消费者社群运营线，这两条线索相互融合和相互支持，给传统意义上的商业模式注入了新的维度和因素。众筹的出现打破了不平衡，改变了原有的结构，带来了新的组织形式，而这种新的组织形式就成为一种新的商业模式（张家卫、吴鹏，2017）。

众筹作为一种融资模式，改变了人们思维方式和消费方式。众筹作为新商业模式具有以下优势：可以降低融资门槛，有效地促进微创业；可以激发创业者创新，拉近生产者与消费者的距离；改变传统商业运作模式，提高产品与消费者的匹配度。同时，通过众筹平台，支持人和发起人分享产品意见，对产品提出后期的改进建议，参与到产品生产当中，支持人也成为生产者的一部分（张家卫、吴鹏，2017）。

农产品众筹是利用互联网金融工具推动农业发展的商业模式，应用互联网和社交网络革新原有的农产品生产流程。欧美的农产品众筹研究大都集中在对众筹平台本身的研究，众筹平台在众筹过程中发挥重要作用，是利益和风险的聚焦点。研究内容中最重要的是众筹平台运营商业模式。在商业模式方面，学者们研究了众筹模式的原理特点、小额信贷的众筹模式、众筹的概念化投资模式、众筹内部运作模式、不同的众筹模式对项目绩效的影响等（Joachim Hemer，2011；Niko Ibrahima，2012；Alan Tomczak，2013；Othmar M. Lehner，2013；Eun Ju Jung，2014；陈贡，2014）。在跨产业的研究项目中，Olivier Braet（2010）围绕众筹平台生存能力描述了商业模式的融资、运营管理问题，描述了众筹融资原理特点和这个市场参与者的范围。探讨众筹平台不同的商业模式。从组织设计、技术设计、服务设计和融资设计四方面研究了电影众筹的商业模式。Jordan Robert Gamble 等（2016）应用定性、半结构和三阶段面谈等方法研究了基于回报（reward - based）的众筹如何影响音乐工业商业模式的发展，为新领域进一步研究提供了概念模型和理论基础。政府市场监管和支持机制有助于塑造可再生能源众筹商业模式（E. Vasileiadou，2015）。范家琛（2013）对众筹商业模式中的发起人、众筹平台和支持人三位一体的结构与流程进行了分析，基于价值逻辑角度，从价值发现、价值匹配和价值获取三个层面对众筹商业模式进行了理论分析，这三个层面既是众筹项目的运营流程又是众筹项目的价值体现。总结出众筹商业模式的优势在于促进微创业和激励“草根”创新。汤佳（2015）通过定位、资源、实现和收入四方面的分析，得到兼顾企业价值创造和顾客价值获取的众筹商业模式。姚慧丽、张耀东（2014）基于 Osterwalder 商业模式参考模型，从 9 个方面构建了众筹项目的商业模式。鞠彦辉等（2017）基于 Osterwalder 参考模型，从价值主张、支持人、互动关系、宣传渠道、核心能力、项目团队、合作部门、成本结构、收入来源 9 个方面，构建了农村图书馆众筹模式，以典型农村图书馆众筹项目为例进行了验证和诠释，提出的众筹模式丰富并完善了农村图书馆建设模式理论，能有效指导农村图书馆众筹的实践。付新（2016）、邱碧珍（2019）基于 Osterwalder 参考模型，从价值主张、目标顾客、分销渠道、顾客关系、价值结构、核心能力、伙伴网络、成本结构、收入模式九个方面，构建了农业众筹融资的商业模式，分析其特征并从横向和纵向两个不同方面深入剖析了目前众筹模式存在的问题。孟韬等（2014）对中美众筹商业模式进行比较，总结众筹的多种类型，构建了众筹商业模式的基本框架。

三、众筹项目关键成功因素相关研究

总体来看，农产品众筹项目的成功率并不高，且不同项目实际筹集到的金额相差较大。所以研究影响农产品众筹项目成功及筹集资金额的因素，对于如何开展农产品众筹，具有重要的现实意义。本节从以下三个方面总结国内外众筹项目关键成功因素相关研究。

（一）与众筹项目特点相关的众筹项目筹资成功影响因素研究

Mollick（2014）对“Kickstarter”平台上超过 48500 个众筹项目进行研究，发现项目质量、项目类型与筹资成功正相关，目标金额、融资期限和融资成功负相关。回报延迟对众筹项目有负面影响。Kuppuswamy 和 Bayus（2013）认为投资者的投资行为受到项目时限、筹资额度及回报形式的影响。越是邻近项目筹资的结束期限，随着项目发起人对项目进展的不断更新，项目更易成功，这样通过减少旁观者效应，结合项目进展更新的积极效应，导致在项目筹资最后阶段获得普遍的增加支持，此时更要多沟通交流。所处行业为当地经济支柱的项目更容易得到投资者青睐（Agrawal，2015）。发起人提供财务预算和资本运作战略能够提高众筹成功率（Ahlers，G. K. C.，2015）。

Shengsheng Xiao 等（2014）从 Kickstarter 收集数据集检验奖励模式众筹项目绩效的影响因素，研究发现项目发起人如果在众筹平台设置一个高一点的最大支持价格、在奖励计划列出相对较少的奖励层次、发布精心设计的项目主页，可以筹集更多的资金。Javier Ramos（2014）应用多案例方法研究众筹项目关键成功因素包括项目质量、降低成本和调整预算目标、应用社交网络和用户参与、个性化援助等。目标筹资金额是解释众筹项目筹资成败的重要因素，合适的目标金额和引人注目的项目能够获得巨大的成功。奖励众筹项目中一般目标金额小的容易成功，大的容易失败。Cordova 等（2013）研究认为众筹项目的目标融资金额与项目成功负相关，与项目持续时间和每天贡献额度正相关。众筹项目设计特性（视频演示、照片、合适的目标筹资金额、项目回报、项目在社交媒体的更新、项目信息共享等）影响筹资成功，特定回报为基础的众筹项目与筹资成功关系显著（Bernardo Balboni, 2014）。众筹项目里那些强调消费者效用和利益的视频很可能提高支持意愿（Yang Liu, 2014）。众筹项目丰富的媒体描述、项目更新高频率有助于筹资成功（Mollick, E., 2014；Michael Beier, Kerstin Wagner, 2015）。郑海超等（2014）研究众筹项目成功的三个衡量维度，产品交付及时性、产品符合规定的程度和支持人的整体满意度。研究结果表明，相比交付及时性，符合规定对增加整体满意度更重要。众筹项目的难度显著降低了成功率。众筹项目团队经验对提高项目成功起重要作用。项目规划是交付及时性的重要指标。

周小斌（2014）应用计量经济学方法，从“点名时间”获取众筹项目发起人、支持人和众筹平台数据，研究表明目标筹资金额越大，筹资难度将成倍上升。回报周期越短的项目越不容易获得支持。支持人更倾向于选择优质项目而不是回报快的项目。浏览人数和关注人数的增加、不同渠道的支持人越多越能促进众筹项目成功。彭翠叶（2013）以“点名时间”平台上的 4 个典型案例为分析对象，应用项目管理理论，分析影响众筹项目成功的因素。研究表明项目有创意、有创新、包装好，通过社交媒体增加项目的浏览人数，项目定位准确，项目目标筹资金额、回报设置合理是影响众筹项目成功的关键因素。陈玉婕、倪宁曦、荀小菊（2015）从“追梦网”获取项目信息、人力资本与项目风险三个维度的数据，采用 Logit 回归分析影响众筹项目成功的因素。结果显示，目标筹资金额、项目支持人数、项目图片数量的影响最为显著，项目动态更新次数与项目团队规模影响基本显著。郑海超等（2015）应用信号理论，基于“大家投”网站数据分析众筹项目筹资绩效的影响因素，研究表明项目动态更新次数、项目估值的影响显著。陈亮（2015）对“点名时间”上的众筹项目进行研究，发现项目所属行业、回报方式、目标筹资金额、公告数量等因素对筹资成功影响显著。黄健青（2015）结合“追梦网”的众筹项目，研究表明项目基本属性、投资门槛、可扩展性和项目参与人活跃程度对众筹的成功具有重要影响，同时比较“Keep - it - All”（KIA）（无论筹资总量是否达到设置的目标筹资金额，项目发起人都将获得全部已筹资金）和“All - or - Nothing”（AON）（需要实现目标筹资金额才可以获得筹资）两种情境下的筹资模式（Cumming et al.，2014），研究表明目标筹资金额较低、可扩展性较强的项目更适合采用 KIA 模式进行筹资，且在国内众筹发展的大环境下，不宜设置较低的投资门槛，还应注重对项目信息的及时更新和补充。黄健青、陈欢、李大夜（2015）选取“追梦网”上的众筹项目为研究样本，根据顾客价值理论梳理各项指标，运用 Logit 回归模型分析影响众筹项目成功的因素。研究表明，项目的服务价值、形象价值对项目筹资成功有显著影响；产品价值、人员价值对项目成功有一定影响；货币成本对项目筹资成功影响不显著。徐军辉（2015）通过典型案例研究发现项目质量、目标筹资金额、回报形式都会影响众筹项目绩效。刘志迎等（2015）基于成本收益理论，通过建模研究发现众筹项目发起人和支持人双方因受项目质量和报酬率的影响而受到激励。

众筹项目筹资期限影响项目筹资绩效。Mollick（2014）、Kuppuswamy 和 Bayus（2013）和郑海超（2015）等人认为项目筹资期限会影响众筹项目筹资的成败，不是筹资期限越长越好，更短的筹资期限可能更好地凝聚消费者的注意力，因为在一定程度上，较长的项目筹资期限会降低消费者对该众筹项目的投资热情，转而投向筹资期限更短的项目（杨婉茹，2017）。

众筹项目筹资额度影响项目筹资绩效。Kuppuswamy 和 Bayus（2013）、Moutinho（2013）、Quercia 和 Crowcroft（2014）、Lu，Xie 和 Kong（2014）、Boeuf 和 Darveau（2014）、Evers（2012）、Frydrych 等（2014）、Cumming 和 Leboeuf（2014）、郑海超（2015）、彭翠叶（2013）和黄建青（2015）等人认为目标筹资金额对众筹筹资成功具有反向的影响。

众筹项目评论数量影响项目筹资绩效。Moutinho 和 Leite（2013）、Quercia 和 Crowcroft（2014）、Cumming 和 Leboeuf（2014）、黄建青（2015）和杜俊娟、李姚矿（2018）等认为众筹项目的评论数量对项目筹资成功具有正向影响。Wang 等（2017）研究众筹项目发起人与支持人之间的互动因素对项目绩效的影响，结果表明评论数量、评论情绪、回复长度和回复速度与筹资绩效正相关。

项目更新数量影响项目筹资绩效。Moutinho（2013）、Quercia（2014）、Lu 和 Xie（2014）、Evers（2012）、Cumming（2014）等认为众筹项目运作信息的更新数量对筹资成功具有正向影响。

众筹项目支持人数影响项目筹资绩效。Moutinho（2013）、Quercia（2014）、Lu 等（2014）、Boeuf 和 Darveau（2014）、Evers（2012）、Frydrych（2014）、Cumming 等（2014）认为支持人数对众筹项目筹资成功具有正向影响。

众筹项目图片数与视频影响项目筹资绩效。郑海超（2015）和黄建青、陈欢、李大夜（2015）等认为，奖励众筹项目一般无法用文字详细描述，更多的图片和视频比简单的文字描述带给消费者更直观的认知与体验。图片或视频是很好的众筹项目展现方式，图片和视频与筹资成功呈正相关关系。Evers 等（2012）、黄玲和周勤（2014）研究均发现具有视频的项目更容易成功，这是因为视频能更好地展现产品信息，减少了信息不对称的问题。图片和视频是对农产品众筹项目最直观的说明。丰富的项目图片为消费者提供更多关于众筹项目的信息，激发消费者的兴趣与参与意愿（杜俊娟、李姚矿，2018）。农产品众筹项目生动的宣传视频，在短时间内将众筹项目信息准确地传达给消费者，可提高众筹项目筹资绩效（阮素梅、蔡茹雪，2019）。

项目内容会影响众筹的成功率。Zhou 等（2018）研究发现，众筹项目描述的段落长度、可读性、情感语气和发起人经验正向影响众筹项目筹资绩效。杜俊娟和李姚矿（2018）选取淘宝众筹的农产品众筹项目作为研究对象，从信任源和信任传递两个维度研究发起人特征对项目筹资绩效的影响。王萍萍等（2018）研究了网页交互和发起人资历对众筹项目筹资绩效的影响。

Evers（2012）收集 IndieGoGo 众筹平台的项目数据进行研究，表明项目属性是影响筹资绩效的主要因素；目标融资金额设置越高项目越可能失败；项目发起人的团队规模越大、在众筹项目主页发起人与支持人进行及时互动的频次越多，支持人的数量就越多，项目就越可能成功。Cumming，Leboeuf 和 Schwienbacher（2014）研究发现：目标筹资金额对众筹筹资成功具有反向影响，项目更新次数、消费者评论数量、项目回报级别、项目页面中社交网站链接个数以及支持人数对众筹筹资成功有正向影响。众筹平台的良好监管和健康运行对众筹投融资双方都具有重要的影响。平台监管主要有对众筹平台的资格审核，对上线项目的审核以及对相近业务监管措施的借鉴等。

目标筹集金额越高，众筹融资绩效越低（Mollick，2014；Pitschner and Pitschner Finn，2014；郑海超等，2015；黄玲和周勤，2014）。众筹项目筹资期限持续时间越长越不容易成功（Mollick，2014；Pitschner and Pitschner Finn，2014；郑海超等，2015）。团体发起人发起的项目成功率要比个体发起人发起的项目高，众筹项目的资格认证与成功率呈正相关关系（曾江洪、李林海，2017）。

Young Geul Yoo（2014）认为应用社交媒体、项目发起人的积极宣传推广、可实现的筹资目标金额、合理的农产品实物回报设置是农产品众筹项目筹资成功的主要影响因素。农产品众筹项目的创意、发起人信用、参与合作的主体、农产品回报等因素影响农产品众筹项目筹资成功率（蒋文龙，2015）。

农产品众筹项目要取得成功，必须选取有吸引力的特色农产品，依靠众筹项目发起团队把控和规避众筹项目运作中的各类风险（林笑，2014）。可通过众筹项目源、风险保证金、对众筹项目发起人的评估以及回报发放后的追溯制度四个方面加强对农产品众筹项目运作风险的控制（程宣梅、陈侃翔、林汉川，2015）。通过项目审核、设置用户评价、平台资金托管、线下考查（王安琪，2015）、线上宣传、微博互动（王月梅，2015）等提高农产品众筹项目筹资成功率。

农产品质量是农产品众筹项目成功的基础条件。农产品质量认证是促进农产品众筹项目筹资成功的重要信号（曾江洪和李林海，2017；杜俊娟、李姚矿，2018）。原产地作为产品价值的衡量指标与农产品众筹项目筹资绩效正相关（黄漫宇和李若男，2018）。

真实的农产品众筹项目发起原因使项目更具说服力，更易使消费者受到感染，农产品众筹项目详细的故事化叙述使发起人和支持人形成情感上的互助、共鸣关系，激发了消费者的参与欲望，提高了农产品众筹项目筹资绩效（阮素梅、蔡茹雪，2019）。

黄健青等（2017）发现，众筹项目质量、发起人特质、不确定性均对筹资绩效有显著影响。在项目特征方面，Frydrych 等（2014）以 Kickstarter 平台上的众筹项目为研究对象，发现项目目标筹资金额、支持人数、持续期、回报级别等因素对筹资绩效有显著影响。单泪源等（2017）基于计划行为理论研究发现，农产品众筹项目信息更新次数、是否有项目介绍视频、发起人信用水平、回报种类设置、农产品认证证书数量对众筹项目筹资绩效有显著影响。赵保国、王思瑶（2016）研究发现，目标筹资金额、价格档位、支持次数、公告数量显著影响农产品众筹项目筹资绩效。

支持人数越多越容易众筹成功，项目发起人已发起及已获支持项目数量和项目评论数量越多越容易众筹成功（Moutinho et al.，2013）。黄玲和周勤（2014）验证了在阈值机制下，筹资金额较小的项目更容易成功并获得超额筹资，回报种类和支持人数与众筹成功正相关，众筹项目持续时间与众筹成功负相关，符合支持人自我偏好的优质项目更容易成功。

目标筹资金额较低时更容易成功，而实际筹资额与众筹项目成功率不存在显著影响；项目支持人数与筹资成功率呈显著的正向关系，项目回报种类越简单明晰则越有利于农产品众筹项目成功，项目的讨论次数和关注次数都验证了农产品众筹的“亲社会”属性，支持人参与度越高的项目越容易成功（肖建、贾晋，2017）。

（二）与众筹项目运作相关的众筹项目筹资成功影响因素研究

与众筹项目运作相关的众筹项目筹资成功影响因素研究包括与发起人社会资本、管理能力及双方沟通交流相关的众筹项目筹资成功影响因素研究三方面。

研究表明社交网络对众筹项目投资决策和项目整体筹资成功有很大影响（Gordon Burtch，2011；Mollick，2014；Massimo G. Colombo，2015）。第一，社交网络可以充当一个发起人质量的信号，减少支持人的部分不确定性（Lin et al.，2013）。第二，众筹项目发起人的社交网络往往形成支持人的核心（Agarwal 等，2010）。第三，也许是最重要的，发起人通过更大的社交网络，更容易宣传众筹项目（Burtch et al. 2013a；Mollick，2014）。源于社交网络扩展马太效应的价值——社会多层级影响——一级连接，贡献后，有可能成为众筹项目的宣传者，深入到二级连接，有助于加快筹资进程（Gordon Burtch，2014）。

郑海超（2014）根据社会资本理论，建立模型研究发现企业家的结构，关系和认知社会资本对众筹项目筹资绩效有显著的影响。曾江洪（2014）从众筹项目发起人的角度研究了其个人社会资本和地域社会资本对众筹项目筹资成功的影响。研究表明：发起人的个人社会资本和地域社会资本均与众筹项目筹资成功正相关；整个筹资过程中存在明显的地域歧视现象，且在筹资临近截止期“地域歧视现象”最为显著。郑海超、齐子、豪伍晶（2015）基于 ELM（Elaboration Likelihood Model，详尽可能性模型）理论，以“点名时间”众筹项目数据为样本，分析众筹项目筹资绩效的影响因素。结果表明：发起人的信用记录越好、发起人在众筹社区中积累的结构型社会资本越高、发起人在项目筹资期间与他人互动而形成的关系型社会资本越高，项目筹资绩效越高。众筹项目发起人的知名度与项目成功率存在比较强的正相关关系（Agrawal et al.，2011），发起人的社会网络越强，则项目筹资成功的可能性越大（Lin et al.，2013）。项目发起人的社交知名度与众筹项目成功呈正相关关系，为大众所知的人物发起的众筹项目有更高的筹资成功率（Agrawal，2015；彭翠叶，2013），内部管理（如合理的组织结构和高学历的管理人员）有助于吸引更多的支持人并加快筹资速度；人力资本、社会联盟的资本、智力资本和不确定性（Ahlers，G. K. C.，2015）、员工人数（郑海超等，2015）、项目团队的经验和潜力（徐军辉，2015）对众筹成功有影响。

众筹项目筹资期限内尽可能与支持人沟通交流，可以筹集更多的资金（Shengsheng Xiao et al.，2014；彭翠叶，2013）。通过项目团队与支持人之间的互动，优秀的团队将自己的优势信息通过众筹项目计划书有效地传递给支持人，才能获得支持人的认可（徐军辉，2015）。发起人和支持人通过网络社区等方式互动、交流、信息反馈对众筹项目的成功有一定作用。

地理位置是影响众筹项目筹资成功的重要因素（Mollick，

2014)，众筹项目发起人的地理位置使支持人感到不同程度的信用风险（Agrawal，2015）。Kang 等（2017）认为社交分享对众筹项目筹资成功有重要影响，发起人的社会资本和区域距离与筹资绩效显著相关。

众筹项目发起人的资质与筹资绩效的关系。Agrawal 和 Catalini（2010）、Evers（2012）、郑海超（2015）、彭翠叶（2013）、黄建青等人（2015）认为众筹项目发起人的资质对项目筹资绩效有影响，项目发起人资质高，大众有安全感，筹资成功率越高。Evers 等（2012）研究发现支持人对众筹项目的评论数量与发起人的社交广度正向影响项目筹资绩效；Beier 研究表明众筹双方之间的交流、项目展现的信息以及新媒体（社交媒体）的应用（杜俊娟、李姚矿，2018）与众筹项目筹资绩效正相关。

社交媒体热点推送和新闻媒体宣传报道增加农产品众筹项目的曝光率，增强众筹故事的真实性，同时也增强消费者对发起人的信任感和众筹项目成功的信心，进而提高农产品众筹项目筹资绩效（杜俊娟、李姚矿，2018；阮素梅、蔡茹雪，2019）。

项目进展说明次数和评论次数是众筹平台内外部社交机制的体现。项目进展说明越详细，消费者获得的项目信息就越详尽，同时也表明项目进展越顺利，增强消费者的参与意愿。

Zheng 等（2016）认为发起人与支持人之间的互动有助于增强双方的信任而有助于提高众筹项目筹资绩效。社会化机制是众筹兴盛的重要原因，众筹平台本身的社交属性对众筹项目筹资绩效有正向影响（孟刚，2018）。黄漫宇和李若男（2018）将关注次数和分享次数作为反映形象价值的衡量指标研究农产品众筹项目筹资绩效的影响因素，发现形象价值对筹资绩效的正向影响大于产品价值。Wang 等（2017）研究发现关注、分享等社交网络行为能显著影响旅游领域众筹项目筹资绩效。关注次数越多，众筹项目被分享到 QQ、微信和微博等社交平台的次数越多，众筹项目筹资绩效越高。

（三）与众筹平台功能相关的众筹项目筹资成功影响因素研究

众筹平台必须建立良好的外部链接，链接到潜在支持人（高“点击率”），必须优化众筹项目描述，让公众看后有高的支持率（高“转换率”）或出高的购买价格（高“出资额”）（Michael Beier，Kerstin Wagner，2015；Ajay Agrawal，2015）。Bernardo Balboni（2014）研究了众筹平台通讯社区特性对众筹项目筹资绩效的影响。结果表明，应用社交媒体能促进筹资成功，好的设计特性有助于筹资成功。众筹平台工具可以给项目支持人和发起人提供便利，在开始一个新项目前查看成功的项目和对失败项目的评论是非常重要的。基于这一背景，结合语料库研究，可在众筹平台上设计“帮助中心”或“FAQ”页面。众筹平台在线社区有助于筹资成功（Schwienbacher，Larralde，2010；Jens Christian Kobberø，2014；Julie S. Hui，2015）。

四、现有研究述评

国内外对众筹项目商业模式与关键成功因素的研究取得了一定的成果，但还主要存在以下问题：众筹项目商业模式与关键成功因素的研究主要集中于创意产品、艺术、出版、新闻等行业，对农产品众筹的研究大部分处于探索阶段，未形成体系，研究层次较浅。目前对农产品众筹项目的研究还停留在定性分析阶段，偏重于个案成功经验的事后总结，定性研究较多，严谨的理论和实证研究较少，对农产品众筹项目商业运作模式、关键成功因素等方面尚缺乏系统而深入的研究，成果通用性、适用性不足。农产品众筹还处于粗放发展阶段，众筹项目成功率很低。为了促进农产品众筹项目的快速发展，提高农产品众筹项目的成功率，需要回答以下问题：（1）农产品众筹项目有效的商业模式。(2) 农产品众筹项目关键成功因素。为此，本书对农产品众筹项目商业模式与关键成功因素进行系统深入的研究，提出农产品众筹项目发展的对策建议，以期对农产品众筹项目的发展提供借鉴和参考。

五、本章小结

本章分析了农产品众筹的定义、农产品众筹项目的参与主体及具体业务和农产品众筹项目具体运作流程。从众筹项目商业模式和关键成功因素两大方面进行了文献综述，其中众筹项目关键成功因素细分为与众筹项目特点相关的众筹项目筹资成功影响因素研究、与众筹项目运作相关的众筹项目筹资成功影响因素研究和与众筹平台功能相关的众筹项目筹资成功影响因素研究三方面进行了文献综述。

农产品众筹项目商业模式与关键成功因素研究

Chapter 3

第三章　农产品众筹项目商业模式研究

一、典型农产品众筹项目发布平台介绍

2013 年，一些农业领域的众筹项目借由博客或者微博等自媒体平台宣传推广，农产品众筹项目雏形开始出现。2015 年农业众筹市场格局出现显著变化。目前，农产品众筹平台以综合型为主，如淘宝众筹、京东众筹、众筹网、苏宁众筹、开始吧众筹等，垂直型农产品众筹平台大都转行或关闭。本章研究内容案例选取自淘宝众筹、京东众筹、众筹网、苏宁众筹、开始吧众筹平台，为此本节把这五个典型平台的农产品众筹项目发展情况做一简要介绍。

（一）淘宝众筹农产品众筹项目发展现状分析

淘宝众筹（https：//izhongchou. taobao. com/index. htm）属于综合型众筹平台，立足于淘宝平台和阿里巴巴集团，具有团队、资金、技术等优势。淘宝众筹的农业板块于 2014 年 9 月上线，发展至今已经成为农业众筹融资规模最大、融资流程标准化最高的众筹平台。淘宝众筹依赖其平台的强大流量以及日活跃用户数量（daily active user，DAU），成为最为火爆热门的奖励型众筹平台之一，包括影音、公益、书籍、娱乐、科技、设计、动漫、游戏、食品（包括农产品）、其他 10 个分类栏目，其项目模式已比较成型明确，项目筹资情况明显优于同时期的其他农产品众筹平台，是当前研究农产品众筹发展最为合适的优秀范例。淘宝农业众筹的诸多项目都是在原有淘宝店铺的基础上策划的新项目，其电商运营基础相当雄厚，优质众筹项目来源较多，众多淘宝粉丝的存在助长了淘宝农产品众筹的发展。

（二）京东众筹农产品众筹项目发展现状分析

2014 年 7 月 1 日，京东众筹（https：//z. jd. com/sceneIndex. html）正式诞生。京东众筹利用自身的市场渠道优势和一站式综合金融服务助力农业精准扶贫事业。京东众筹专门设立农业众筹板块用于精准扶贫，致力于打造社交媒体宣传效应与精准扶贫相结合的农业众筹新模式。审核简单、即发即筹的众筹模式。京东产品众筹收取筹资额度 3% 的佣金。

（三）众筹网农产品众筹项目发展现状分析

众筹网（http：//www. zhongchou. cn/）是大型综合众筹平台，于 2014 年 1 月，众筹网与本来生活网签约，联合开设农产品众筹栏目“本来鲜筹”，宣布将在互联网金融特别是涉农产业层面开展深度合作，主打限量尝鲜农产品众筹。2014 年 7 月底，众筹网平台联合汇源集团、沱沱工社等线下农业生产平台签署了进军农业众筹的合作协议，共同开展农业创意营销、众筹融资，正式开展农业众筹项目，农业众筹板块几乎都是农产品众筹。众筹网依托网信金融和先锋集团，平台优势明显，在一定程度上实现标准化的信息披露。发起人为众筹网平台注册并发起众筹项目的单位或个人。

（四）苏宁众筹农产品众筹项目发展现状分析

苏宁众筹（http：//zc. suning. com/）于 2015 年 4 月 16 日上线，平台运营主体为江苏苏宁众创网络信息服务有限公司。商品品类涵盖科技、设计、农业、娱乐、文化、公益等多个领域，是目前国内最大的 O2O（Online To Offline）众筹平台。苏宁众筹是国内唯一一个实现同时在线上平台、线下实体门店同步开展众筹产品体验的全渠道

(omni - channel) 平台。在北京市商务委的撮合下，北京苏宁 2016 年与北京昌平区崔村镇政府签署合作协议，双方在特色农产品推广销售方面展开深度合作。苏宁众筹通过互联网金融与现代农业相结合，不仅解决了信息不对称导致的农产品积压滞销问题，也真正让消费者参与到农产品的经营环节，缩短了流通路径，保证了农产品的新鲜健康。对于成功的项目，苏宁众筹平台收取项目筹资总额 3% 的平台使用费。先拨付一部分项目启动资金，根据项目的兑现情况逐步分批拨付资金。对于不能履行承诺的发起人，除返还支持人资金外须另赔付 5% 的违约赔偿金。对于不成功的项目，筹集资金直接退到支持人账户。

（五）开始吧众筹农产品众筹项目发展现状分析

开始吧众筹（https://www.kaishiba.com/index）于 2015 年 3 月正式上线，是国内生活风格型消费投资平台。开始吧众筹专注于消费升级领域的线下商业头部内容，并为其提供优质的推广解决方案以及涵盖行业上下游的综合服务，包括内容生产、品牌营销、行业培训、社群运营等。2016 年 9 月，开始吧平台单月众筹金额过亿元，进入中国众筹行业第一梯队。平台具有项目风险控制、资金安全保障、技术安全保障、隐私安全保障等优势。

二、基于商业模式一般性研究框架的农产品众筹项目商业模式研究

（一）基于商业模式一般性研究框架的农产品众筹项目理论模式构建

在“互联网 +”行动计划以及“互联网 + 三农”新环境下，现

代农业产业链及商业模式面临解构，基于互联网技术的产品众筹机制有助于实现“消费者＋生产者”的生鲜农产品供应链拉式运作。这既为生鲜农产品供应链的发展带来新机遇，同时又提出了商业模式变革的挑战。在梳理清楚商业模式的定义内涵与特征后，解析其对竞争优势的贡献就显得特别重要。本节基于系统范式建构的商业模式一般性研究框架来构建农产品众筹项目商业模式。商业模式的一般性研究框架包括客户价值主张、价值创造、价值获取等子过程，具有系统性和动态性（魏江等，2012）。

在选择商业模式一般性研究框架驱动的农产品众筹项目理论模式的组件时，主要考虑与商业模式一般性研究框架背景相关的因素，只包含主要业务模式发生显著变化的组件，因此选择价值主张子过程、价值创造子过程、价值获取子过程作为农产品众筹项目理论模式的组件。研究表明任何商业模式中必须包括价值主张/动机组件，人们参与农产品众筹项目的动机主要是为获取农产品实物回报等价值。众筹作为新商业模式的核心目标是创造价值，农产品众筹项目发起人和众筹平台通过成功运作众筹项目创造价值。众筹作为新商业模式的最终目标是价值获取，众筹项目发起人和众筹平台通过成功的众筹项目而获利。价值主张、价值创造和价值获取子过程是逐级递进、相互依存的关系。基于商业模式一般性研究框架的农产品众筹项目商业模式模型如图 3－1 所示。

图 3－1　基于商业模式一般性研究框架的农产品众筹项目商业模式模型

1. 价值主张子过程

农产品众筹作为一种新的商业模式，它的价值何在？特色农产品，只有得到消费者的认可，才可以实现盈利。最终是否盈利的关键点取决于是否拥有消费者。因此，在对自身产品认知的基础上，进一步寻找消费者的价值观，明确消费者的需求，从消费者那里找到农产品存在的价值，就显得尤为重要。农产品众筹模式正好可以满足这一条件，也是农产品众筹模式能够运作成功的关键所在。农产品众筹模式同时满足了农产品供需双方的需求，让双方在得到收益的同时，彼此得到价值上的认同。

2. 价值创造子过程

农产品众筹项目价值创造子过程组件将提供实现其价值必须经历的流程、步骤、活动、变化情况和新安排等，明确合作伙伴，实现价值共创。有些大型综合性众筹平台，基于自身原有的资源，可以为项目发起人和支持人提供更多的服务。农产品众筹平台往往选择与相关农业企业、农村电商团队、农民合作社、村委会等合作，保证农产品众筹项目商业模式的有效运作。价值创造来源于农产品众筹项目发起人的选择和架构的合理设计。其成功的标准是：是否能够形成农产品众筹项目节点式的资源互联互通的网格结构，是否能够形成农产品众筹项目发起人、众筹平台和支持人之间三位一体的利益格局。

3. 价值获取子过程

农产品众筹项目商业模式的核心目标之一是创新价值的获取，这一点也是农产品众筹平台得以生存并获取竞争优势的关键所在。农产品众筹项目的价值获取主要包括众筹项目成功后发起人获得生产农产品所需资金、众筹平台获得佣金和广告收入等。如何改善盈利模式、拓宽盈利渠道是众筹平台普遍需要面对的问题。

（二）基于商业模式一般性研究框架的农产品众筹项目商业模式实证验证

1. 单案例研究方法和案例描述

（1）单案例研究方法和案例选取

案例研究是一种经验主义的探索研究（empirical inquiry），它研究现实生活背景中的暂时现象（contemporary phenomenon）。在这种研究情境中，现象本身与其背景之间的界限不明显，研究者只能大量运用事例证据（evidence）来展开研究（Yin R.，2013）。与基于大样本数据的实证分析比较，案例研究法具有获取丰富、详细和深入信息的优点，适用于对现实中复杂而又具体的问题进行全面考察。基于本节研究问题的性质和复杂性，应用案例研究法比较合适。案例研究法是指从客观存在出发，研究"是什么"和"怎么样"的问题，关注现实客观世界中的人与事，尤其是具有特殊意义的组织和事件，不拘泥于常规的有限的数个因子、变量与统计规律等（乔坤、马晓蕾，2008）。案例研究法依据研究性质与目的的不同，分为三类：探索性案例研究（exploratory case study），界定一个研究问题的实验性研究；解释性案例研究（explanatory case study），用于因果关系的探索；描述性案例研究（descriptive case study），在研究前形成和明确一个理论导向，并以此作为案例分析的理论框架，它要求在研究前明确分析单元。本书采用描述性单案例研究法，选取淘宝众筹平台上成功的农产品众筹项目进行深入系统的分析，可以为同类农产品众筹项目运作提供借鉴和参考。遵循典型性原则，选取农产品众筹项目"金秋第一镰！五常当地农户结社，为正宗稻花香大米正名"（https：//izhongchou. taobao. com/dreamdetail. htm？ spm = a215p. 128754. 653087. 22. 18954ed6szwuIB&id = 20048589）作为案例研究样本。首先，本众筹项目依托"浙江钱报有礼电子商务有限公司”进行运作。钱报有礼是钱江晚报旗下的O2O电子商务平台，致力于打造品质农业生态圈，承诺“优质优价，全程见证”，是应用及实践特色农产品O2O模式的领先者，通过专业把关上线，让大家放心参与。其次，五常农民合作社基地通过不断创新，通过多方合作完成农产品众筹项目。“金秋第一镰！五常当地农户结社，为正宗稻花香大米正名”作为农产品众筹项目成功的案例，具有典型的研究价值。

（2）案例描述

①发起众筹项目的原因（众筹故事）：近期五常大米“天价”“掺假”等市场乱象频遭曝光，假米泛滥，真五常大米销路堪忧。《人民日报》《黑龙江日报》央广网、《南昌晚报》都对市场上销售假五常大米的事件进行了报道。我们只想把真正优质的五常大米带到您的身边，用正宗的五常大米带给您健康与快乐。正宗五常大米需要您的支持。

②项目特色：五常市地处黑龙江省南部，属于温带大陆性气候，因生产大米而闻名。五常特有的黑土地孕育出正宗的稻花香大米。源头可追溯，正宗有保证！通过“三确（确地块、确种子、确投入品）一检（出厂检验、监督抽检）一码（五常大米防伪码）”溯源防伪制度确保五常大米全程质量溯源，让真正的稻花香大米伴你品质生活。现代“五常大米”获得的荣誉：中国名牌、中国原产地域保护产品、绿色食品、有机食品。

③项目的发起及结果：五常农民合作社基地联合浙江钱报有礼电子商务有限公司，在淘宝众筹平台食品众筹栏目发起农产品众筹项目“金秋第一镰！五常当地农户结社，为正宗稻花香大米正名”。最终项目成功，得到10381人的支持，筹资总额55697元，项目完成进度111%。

④项目筹资期限、筹资目标金额及筹资用途：须在2016年11月4日前，筹集到50000元才可成功。筹资用途：筹资的20%用于运营推广，30%用于明年投入新种，50%用于日常协会基地建设。

⑤回报设置：依据支持金额的多少分等级提供正宗五常稻花香大米实物回报。支持 39 元，将获得正宗五常稻花香大米 1kg；支持 78 元，将获得正宗五常稻花香大米 2.5kg；支持 138 元，将获得正宗五常稻花香大米 5kg（限额 100 位）；支持 158 元，将获得正宗五常稻花香大米 5kg。

⑥推广、互动及联系方式：提供阿里旺旺、淘宝账号、新浪微博、人人网、豆瓣等方式。

⑦参与主体。本案例农产品众筹项目的参与主体（Participants）包括：项目发起人（组织）及其团队（五常农民合作社基地联合浙江钱报有礼电子商务有限公司）P1、众筹平台（淘宝众筹食品众筹栏目）P2、项目支持人 P3、合作及管理部门（相关资质许可证颁发部门、五常市质量技术监督检测中心、监管部门、物流公司等）P4。

⑧风险提示。第一，众筹并非商品交易，项目存在一定风险，如项目筹款成功但发放回报出现问题，您可申请退款退回支持金额（一次性支付，按项目组织者约定比例以首笔款 + 尾款方式付至项目组织者账户）中的尾款部分，而首笔款部分由于已被项目组织者使用，退还首笔款事宜需要您与项目组织者自行协商，您可能会承担首笔款无法退回的损失。后期如对项目组织者的处理仍有疑问，可申请淘宝客服介入。第二，请在支持项目后 15 分钟内付款，否则您的支持请求会被自动关闭。第三，本页面统计的项目总支持人数和总支持金额存在一定的延迟，以单个回报详情为准。

2. 基于商业模式一般性研究框架的农产品众筹项目价值主张子过程分析

成功的农产品众筹项目可满足各参与方的不同需求。众筹项目发起人（组织）及其团队 P1：五常农民合作社基地联合浙江钱报有礼电子商务有限公司，通过淘宝众筹平台，低门槛、低成本地发起农产品众筹项目；项目成功后，发起人（组织）及其团队 P1 获得项目成功后的用于生产农产品正宗稻花香大米和众筹项目运营的资金。淘宝众筹平台（食品众筹栏目）P2 的核心价值是为项目发起人和项目支持人提供互动平台，通过成功的众筹项目宣传平台获取额外回报（主要为集团收集现金流）。农产品众筹项目成功后，支持人 P3 可以得到农产品正宗稻花香大米实物回报。合作及管理部门 P4 中，相关资质许可证颁发部门、五常市质量技术监督检测中心、监管部门完成本职工作，物流公司通过为支持人配送正宗五常稻花香大米获得利润。

3. 基于商业模式一般性研究框架的农产品众筹项目价值创造子过程分析

价值创造子过程是指在一定情境下特定的参与主体间独特的互惠链接运作过程。农产品众筹是以上参与主体 P1 ~ P4 通过价值共创提供价值主张的集体行为（鞠彦辉、许燕、何毅，2017）。基于农产品众筹项目案例“金秋第一镰！五常当地农户结社，为正宗稻花香大米正名”的运作实践，结合参与主体 P1 ~ P4 的价值共创形式和行为实践才能更好地理解农产品众筹项目价值创造子过程。详细分析如表 3 – 1 所示。

表 3 – 1　　农产品众筹项目价值创造子过程分析

参与主体	参与主体交互	价值创造形式	实践活动
项目发起人（组织）及其团队（P1）	P2，P3，P4	共同创意 共同发起 共同运作	起草和准备农产品众筹项目 向淘宝众筹平台提交众筹项目 应用社交媒体宣传和推广众筹项目

续表

参与主体	参与主体交互	价值创造形式	实践活动
淘宝众筹平台（食品众筹栏目）（P2）	P1，P3，P4	共同发起	淘宝众筹平台根据相关的法律法规严格审核众筹项目，将审核合格的众筹项目发布在平台上。众筹平台和项目团队用商业化思维和方式宣传、推广众筹项目，促进项目发起人和消费者的双向沟通，让消费者能够详细了解众筹项目
		共同运作	在淘宝众筹平台更新众筹项目运作信息，对筹资成功的项目采用合适的方式拨款
项目支持人（P3）	P1，P2，P4	共同运作	借助社交媒体与项目发起人互动，借助论坛或其他媒体在淘宝众筹平台留言，以增进对项目发起人和淘宝众筹平台的信任
		共同筹资	对支持的项目在淘宝众筹平台线上出资
		共同运作	选择农产品正宗稻花香大米实物回报
合作及管理部门（P4）	P1，P2，P3	共同运作	农产品众筹项目一般只有在监管部门的参与下，在合作部门，如质检部门及其他部门的支持下才能顺利进行；众筹项目成功后，项目回报正宗稻花香大米需要物流公司配送给支持人

4. 基于商业模式一般性研究框架的农产品众筹项目价值获取子过程分析

农产品众筹项目成功后，发起方五常农民合作社基地和浙江钱报有礼电子商务有限公司获得生产农产品正宗稻花香大米所需资金和众筹项目运营资金，以更好地解决农产品生产资金匮乏的现实问题。淘宝众筹平台不向发起人和支持人收取任何手续费或利润分成等费用，主要为集团收集现金流，通过成功的农产品众筹项目扩大平台自身的社会影响力。合作部门物流公司获得配送正宗稻花香大米的利润。淘宝众筹平台先期拨付筹集资金的1%～50%给发起人，待支持人确认收到发起人承诺的正宗稻花香大米实物回报后，淘宝众筹平台再向发起人拨付余下的款额。淘宝众筹平台引入了第三方担保方式和商业保险，对发起人行为和众筹资金承保。

三、基于商业模式九要素模型的农产品众筹项目商业模式研究

（一）基于商业模式九要素模型的农产品众筹项目理论模式构建

系统地设计和配置一个新的农产品众筹项目商业模式是不容易的，我们需要一种研究商业模式的结构、运作和动态业务模型的方法，分析一个特定的商业模式结构、流程、关系作用及其变化。方志远（2014）在国内外已有的相关商业模式概念和要素分析研究的基础上，结合组织能力资源和外部环境的战略选择，基于现实复杂的商业模式的研究分析，提出了一个全新的包含三大模块、九要素的商业模式分析模型：业务模块（产品价值、经营策略、市场定位）；运作模块（营销推广、运作管理、资源整合）；盈利模块（成本控制、盈利收入、资本运作）。本节基于商业模式九要素模型构建农产品众筹项目商业模式模型，如图3－2所示。

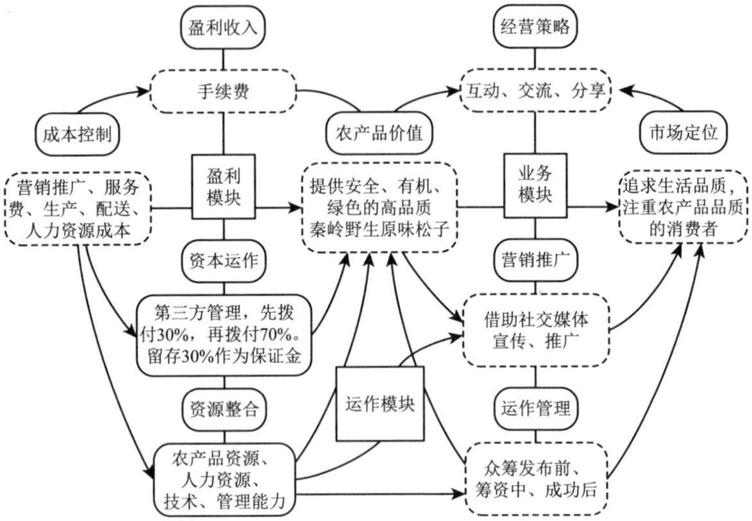

图3－2　农产品众筹项目商业模式分析九要素模型及其关系

（二）基于商业模式九要素模型的农产品众筹项目商业模式实证验证

1. 案例选取和案例描述

（1）案例选取

本节采用单案例的研究方法，遵循典型性原则，选取众筹网上成功的农产品众筹项目“万人众筹，帮助农户农产品走出大山和退伍军人圆创业梦”（http：//www. zhongchou. cn/deal－show/id－246850）作为案例研究样本，结合本节的研究主题，通过完整的描述性案例分析，对整个研究结论做出进一步检验，并结合本案例描述，将比较抽象的理论应用于现实操作中，可以为同类农产品众筹项目运作提供借鉴和参考。本众筹项目依托电商扶贫平台运作，甘肃成县是全国电子商务示范县，从2013年起在县委书记李祥的带领下，尝试着走出了电商扶贫的一条新路子，利用电子商务帮助农民销售农产品，让农产品消除中间销售环节直接到城市餐桌，降低了成本，让人们能吃到正宗的秦岭野生原味松子。

（2）案例描述

①发起众筹项目的原因（众筹故事）：秦岭松子，让农产品走出大山，助农增收！甘肃成县是全国电子商务示范县，我们就想利用电子商务帮助农民销售农产品。我是一名“90后”回乡创业的退伍军人，从小生活在甘肃成县的贫困小山村沙坝镇李坝村，2012年积极响应祖国号召参军入伍，2014年由于服役期满退伍返乡，利用电子商务帮助村民销售农产品，创业、助农增收。

②项目特色：众筹的农产品正宗秦岭野生原味松子质量具有特殊产地地理环境优势。秦岭野生松子，原味无添加，美肌肤，保护心血管，包含大量的不饱和脂肪酸，含有优质蛋白质和十几种重要的氨基酸，包含人体所需的多种矿物质。

③项目的发起及结果：“90后”回乡创业的退伍军人王韬，在众筹网农业众筹栏目（http：//www.zhongchou.cn/browse/id－28－di－si_c）发起农产品众筹项目“万人众筹，帮助农户农产品走出大山和退伍军人圆创业梦”，最终项目成功，得到497人的支持，筹资总额10200元，达成预定目标的102%。

④项目筹资期限及金额：须在2015年11月10日前，筹集到10000元才可成功。

⑤回报设置：依据支持金额的多少分等级提供正宗秦岭野生原味松子实物回报。支持9元，将获得纯天然、无污染的秦岭野生原味松子180g；支持19元，将获得纯天然、无污染的秦岭野生原味松子250g；支持29元，将获得纯天然、无污染的秦岭野生原味松子500g；支持69元，将获得纯天然、无污染的秦岭野生原味松子1500g。

⑥推广、互动及联系方式：提供微信、QQ空间、新浪微博、论坛、电话等方式。

⑦参与主体。本案例农产品众筹项目的参与主体（Participants）

包括：项目发起人（组织）及其团队 P1、王韬、众筹平台（众筹网农业众筹栏目）P2、项目支持人 P3、合作及管理部门（政府管理部门、监管部门、物流公司等）P4。

⑧风险说明。第一，众筹不是商品交易。支持者根据自己的判断选择、支持众筹项目，与发起人共同实现梦想并获得发起人承诺的回报，众筹存在一定风险。第二，众筹网平台只提供平台网络空间、技术服务和支持等中介服务。作为居间方，并不是发起人或支持者中的任何一方，众筹仅存在于发起人和支持者之间，使用众筹平台产生的法律后果由发起人与支持者自行承担。第三，众筹项目的回报发放、发票开具及其他后续服务事项均由发起人负责。如果发生发起人无法发放回报、延迟发放回报、不提供回报后续服务等情形，您需要直接和发起人协商解决，众筹网对此不承担任何责任。第四，由于发起人能力和经验不足、市场风险、法律风险等各种因素，众筹可能失败。众筹期限内未达到目标筹资额失败的项目，您支持的款项会全部原路退还给您；其他情况下，您需要直接和发起人协商解决，众筹网对此不承担任何责任。第五，支持纯抽奖档位、无私支持档位，一旦支付成功将不予退款，众筹失败的除外。

2. 实证分析

（1）产品价值。本农产品众筹商业模式的价值主张可以通过以下因素实现：提供安全、有机、绿色的高品质正宗秦岭野生原味松子是本众筹模式最基本的价值主张，为消费升级下追求安全、高品质农产品的消费者提供价值。农产品秦岭野生原味松子的生产过程信息透明且可溯源，从而确保正宗秦岭野生原味松子的品质。在本次众筹中，支持人支付的价格比平时在市场上买的同类野生原味松子的价格要低很多。

（2）经营策略。本农产品众筹项目在众筹网平台上公布了发起人的联系电话，以方便支持人快捷地获得服务。在众筹网平台上展示农产品众筹项目的进展情况，支持人可以通过众筹网的论坛页面对众筹项目的进展情况进行提问以了解更多细节，发起人对支持人的提问进行在线回答；支持人可以将自己感兴趣的关于本众筹项目的话题分享到微信、新浪微博、QQ 空间。

（3）市场定位。本众筹项目面向的是在消费升级背景下，追求高生活品质的网购消费者，他们担心食品安全问题，注重农产品品质、质量、有机、绿色、无公害。众筹时根据不同的需求设置不同重量的正宗秦岭野生原味松子回报。

（4）营销推广。借助众筹网平台巨大的流量优势，快速、方便、低成本地发布众筹项目，有利于获得消费者对众筹项目的信任。发起人借助众筹网平台、微信、QQ 空间、新浪微博、论坛等社交工具建立在线社区，实现发起人与支持人之间的实时互动，支持人之间也可以进行实时交流，包括评论、交流、点赞、经验分享、表达对众筹项目的支持或质疑。支持人会成为众筹项目的宣传者，主动进行口碑营销，帮助提升农产品众筹项目的知名度。

（5）运作管理。本众筹项目的运作管理包括众筹项目发布前的推广活动、众筹中的筹资活动和筹资成功后的运营活动。①众筹发布前的活动。对众筹项目进行策划，包括众筹项目支持人的定位、农产品特色描述、定价方式、回报设置、目标筹资金额设定、众筹渠道的选择、众筹活动推广、众筹成功后运营及保障措施等方面。发起人通过众筹网平台、微信、QQ 空间、新浪微博等社交媒体和线下渠道宣传众筹项目信息。②众筹项目筹资中需要进行的活动。发起人在众筹网平台上提交众筹项目，等待众筹网平台审核通过后，消费者即可对众筹项目进行浏览、关注和支持。要实时发布众筹进度，这样才能让更多的消费者关注并参与到众筹当中。③筹资成功后的运营活动。筹资成功后，发起人根据需求信息安排正宗秦岭野生原味松子的采摘和配送、接收支持人的反馈信息等工作。

（6）资源整合。农产品众筹项目商业模式核心竞争力的获取不仅要争取更多的优质资源，更要对既有资源的合理配置和整合。本众筹案例中，合作伙伴包括众筹网平台、农村电商团队、农户、推广渠道和物流服务提供商等。众筹项目能够成功很大程度上取决于发起人掌握的核心资源及资源整合。本众筹项目的核心资源包括：①农产品资源，具有地域特色的农产品正宗秦岭野生原味松子。②人力资源，发起团队具有多年的电商扶贫经验，具有很强的众筹项目策划和运营管理能力。③发起团队具备采摘、生产正宗秦岭野生原味松子的技术、管理能力以及获取外部营销资源的能力。

（7）成本结构。本众筹项目的成本主要包括众筹项目发布前的营销推广成本，支付给众筹网平台的服务费，众筹成功之后执行订单的成本包括采摘秦岭野生原味松子的成本、物流配送成本、人力资源成本等。本众筹项目是在获取支持人需求的情况下进行松子的采摘，直接配送给支持人，大大降低了运营成本，从而让农户保持成本上的竞争优势。

（8）盈利收入。众筹网平台的盈利收入：农产品项目众筹成功后不论是否履约承诺，都将收取发起人筹集资金总额的1.5%作为第三方支付平台的手续费；对需推广的众筹项目收取服务费。对支持人不收取任何费用。如果众筹失败，众筹网不收取费用。本农产品众筹项目的收入来源是基于预售，发起人通过为支持人采摘、配送高品质的秦岭野生原味松子获得收入。考虑到支持人对秦岭野生原味松子的需求数量不同，众筹数量或支持金额越多，价格越优惠。

（9）资本运作。农产品众筹项目发起人和支持人双方不直接进行资金收付，而是通过第三方账户进行，如同淘宝的支付宝。众筹项目成功后，先拨付筹集资金总额的30%给发起人，待承诺的秦岭野生原味松子回报确认后再拨付剩余的70%。众筹网作为代收款方留存筹集资金总额的30%作为保证金。

四、基于魏朱商业模式六要素模型的农产品众筹项目商业模式研究

（一）基于魏朱商业模式六要素模型的农产品众筹项目理论模式构建

魏朱商业模式六要素模型（魏炜等，2015）是典型的商业模式分析模型，主要包括业务系统、定位、赢利模式、现金流结构、企业价值和关键资源能力六方面。商业模式运作由战略驱动，而组织战略会受到外界环境因素的影响而变化，本节基于魏朱商业模式六要素模型，构建农产品众筹项目商业模式的分析框架，以期更全面地刻画农产品众筹项目商业模式的动态运作，如图 3－3 所示。

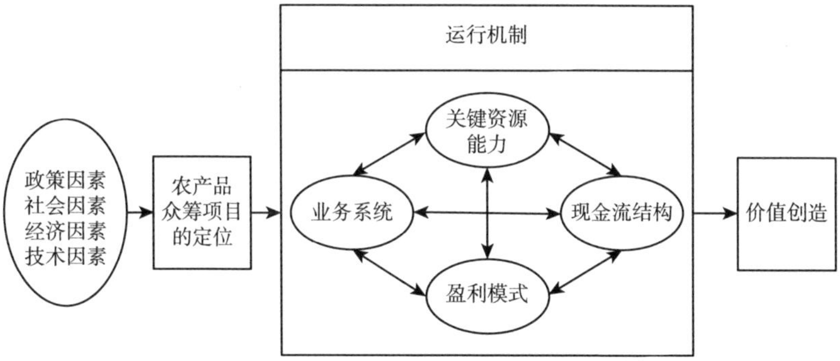

图 3－3　基于魏朱商业模式六要素模型的农产品众筹项目商业模式模型

（二）基于魏朱商业模式六要素模型的农产品众筹项目商业模式实证验证

1. 案例选取和案例描述

（1）案例选取。

本节采用单案例的研究方法，遵循典型性原则，选取开始吧众筹平台上成功的农产品众筹项目“产自“江南桔乡”的零农药激素爆汁桔子，让你无法抗桔”（https：//www. kaishiba. com/project/detail/id/76E8D94184A342A4E050190AFD01264E）作为案例研究样本，结合本节的研究主题，通过完整的描述性案例分析，对整个研究结论做出进一步检验，并结合本案例描述，将比较抽象的理论应用于现实操作中，可以为同类农产品众筹项目运作提供借鉴和参考。本众筹项目回报的农产品桔子的产地是位于国家4A级景区灵湖景区区域内的灵湖拾安农场，山水养育自然果实。全部真正做到无农药、无激素的气雾栽培与生产。

（2）案例描述

①发起众筹项目的原因（众筹故事）：希望有人可以看到，现在仍有这样一群从事现代农业的年轻人，他们心地善良，吃苦耐劳，愿意为新农事业做出创新和改变。希望同样对现代农业感兴趣的你也一起加入，把这份纯粹的甜扩散给更多人。薄皮爆汁的临海蜜桔，零农药、无激素的拾安草莓，充满情怀的新农人。我的家乡有海、有山、有城，最让我这个吃货魂牵梦萦的还是山里的应季瓜果。特别是每到秋风渐起，金黄饱满的桔子就会挂满山，随便摘一个，皮薄、汁多、渣少、清甜。后来慢慢地，市场上出现的多是些寡淡无味的果子，而我却时时刻刻想念那能回味整个秋天的一口甘甜。于是十年前，我和表弟孙建涛等一群农业大学的小伙伴从家门前的小实验开始，综合了日本植物工厂的技术理念——洁净，和以色列农业的喷灌技术——节水

节肥，自己研发气雾设施栽培。经过长期的严谨科研和实践，自主研发的自动化灌溉系统隔绝了土源病虫害，我们的农场从原先的单一叶菜类产品，再到现在的草莓、西瓜、小番茄等瓜果类，全部真正做到无农药、无激素的气雾栽培与生产。还有经过多年系统灌溉营养液的实验得到的精准配方，让结成的果子果型标准、个大味甜。

②项目特色：众筹的农产品拾安蜜桔质量具有种植技术优势和特殊产地地理环境优势。灵湖拾安农场——位于国家4A级景区灵湖，山水养育自然果实；自主研发“气雾栽培”技术——节水节肥，无农药，无激素，达到环境洁净化，种植的环境不受局限，培育品种丰富；临海市旅游局认定为临海市果蔬采摘旅游基地；拾安蜜桔——产自“江南桔乡”临海，皮薄、汁多、渣少、清甜；拾安草莓——荣获浙江省精品草莓金奖和优质奖。

③项目的发起及结果：本众筹项目由充满情怀的新农人卢燕、孙建涛和叶卫斌组成的团队，在开始吧众筹平台农业众筹栏目（https://www.kaishiba.com/project/more）发起。最终项目成功，得到101人的支持，筹资总额52496元，认筹进度1049.92%。

④项目筹资目标金额：筹集到5000元才可成功。

⑤回报设置：依据支持金额的多少分等级提供桔子等实物回报。支持48元，将获得价值68元的2.5kg装“分享装”蜜桔。支持188元，将获得A套餐或B套餐：A套餐，价值248元“白雪公主”草莓1kg+“分享装”蜜桔5kg；B套餐，价值248元“精品”草莓1kg+“高山”蜜桔4kg+无土栽培青菜1kg。支持188元，将获得价值228元的2.5kg装限量“红美人”蜜桔。支持5000元，可享受的权益（具体政策需与发起人进行细节敲定）：A. 代理费用均可直接抵扣货款；B. 正式成为城市代理人，可获赠果园礼包2份，成为拾安质选首席体验官；C. 全套营销体系支持，加入公司的微营销体系，享受一件代发服务，城市代理人还可享受OEM定制服务；D. 开始吧特享价格体系，详细代理政策，代理群公布。

⑥推广、互动及联系方式：提供微信、新浪微博、电话等方式。

⑦参与主体。本案例农产品众筹项目的参与主体（Participants）包括：项目发起人（组织）及其团队P1、充满情怀的新农人卢燕、孙建涛和叶卫斌组成的团队、众筹平台（开始吧众筹平台农业众筹栏目）P2、项目支持人P3、合作及管理部门（中共邵家渡街道工作委员会、邵家渡街道办事处、临海市旅游局、奖项认定部门、监管部门、物流公司等）P4。

⑧有风险提示。

2. 农产品众筹项目商业模式的驱动因素分析

农产品众筹项目商业模式的驱动因素主要包括：政策、社会、经济和技术因素四个方面。

（1）政策因素。农产品众筹行业在中国起步较晚，但在政府政策支持下发展很快。2014年后，农产品众筹走进大众视野，很大程度上依靠国家政策的支持。2015年的政府工作报告中，李克强总理正式将“互联网+”纳入国家顶层设计，提升至国家战略层面；2016年1月，国务院发布《关于推进普惠金融发展规划的通知》，对互联网金融提供政策指引，文件指出要有效提高金融服务可得性，增强人民群众对金融服务的获得感，发挥农业众筹融资平台对大众创业、万众创新的支持作用。2014年，国务院总理李克强在政府工作报告中提出，要促进互联网金融健康发展，完善金融监管协调机制，密切监测资本流动，守住不发生系统性和区域性金融风险的底线，让金融成为一池活水，更好地浇灌小微企业、“三农”等实体经济之树。在利好的政策环境下，农产品众筹行业蓬勃发展。

（2）社会驱动因素：随着人们收入水平的提高，对于生活质量的要求也有所提升，加之近些年食品安全事件不断曝光，越来越多的人渴望买到绿色、有机、安全的农产品。农产品众筹这一F2F（farm to family）的全新生活方式能够让支持人享受到绿色农产品。“大众创业，万众创新”热情的高涨伴随着农业企业早期对发展资金的迫切需求，催化了农产品众筹的发展。相较于传统的融资方式，农产品众筹不仅有助于支持人参与热情的提高，也有助于草根农业创业者获得融资渠道，实现其梦想和社会价值。

（3）经济驱动因素。在共享经济大环境下，农产品众筹面对的是一个大众的市场，符合目前大众对高品质生活需求的实际情况，有一个有利于快速发展的经济环境。经济驱动因素源于众筹平台方和支持人，包括开始吧众筹平台方新增佣金收入、扩大影响力，支持人降低购买拾安桔子的成本等。虽然现阶段农产品众筹项目涉及资金总体体量并不大，但在一定程度上拓展了部分中小农业企业的融资渠道，解决了其发展中资金需求难题，农产品众筹的发展正处于最好的时机。

（4）技术驱动因素。农产品众筹是技术创新驱动型的、以互联网为资源，以大数据、云计算为基础的新兴金融模式。互联网技术的应用极大降低了农产品众筹项目发起人和支持人之间信息传递和资金支付的成本。信息技术尤其是社交媒体的快速发展及应用为农产品众筹的发展提供了良好的技术环境，通过应用社交媒体，众筹项目参与各方可以进行高效的协作，发起人及其团队不断扩大其社会网络及其影响力，吸引多方力量参与。众筹筹资是一种社交金融。Web2. 0 及其应用平台的发展突破了时空限制，社交媒体促进了农产品众筹项目各参与主体的互动和交流。通过智能手机等移动设备消费者可以轻松访问开始吧众筹平台，安全有效地完成网上支付活动。互联网技术、大数据和云计算技术的发展和应用，促进了社会诚信体系的逐步建立，信任因素是支持人真诚地信任众筹平台，相信支付方式的安全，能有效促进农产品众筹项目的成功。农产品众筹项目参与主体通过应用信息技术使他们之间的信息沟通更加便捷，农产品众筹项目运作信息更加透明，为破解农产品众筹项目发起人和支持人之间信息不对称起到关键作用，使得越来越多的人参与到农产品众筹之中，极大地促进了农产品众筹的发展（郭梦飞、赵敏，2016）。

3. 农产品众筹项目的定位

本案例农产品众筹项目支持人群体特征分析：他们追求更高生活品质，关心食品质量，关注食品安全问题，于是开始关注、参与农产品众筹。他们对新鲜事物接受能力强，善于对新鲜事物做理性分析，他们拥有计算机网络应用经验或农产品等相关方面的知识。

4. 农产品众筹项目商业模式运行机制

（1）关键资源能力。本农产品众筹项目商业模式的核心资源是以农产品拾安蜜桔价值为核心的众筹项目运营能力。借助开始吧众筹平台、社交媒体等营销工具为消费者提供感官体验，通过文字、图片以及线下体验活动等内容呈现形式与消费者互动，促进消费者参与农产品众筹。借助物联网、移动互联网在发起人与支持人之间建立起高效的信息链接，支持人能对农产品拾安蜜桔的生产过程实时追踪，增强对农产品众筹的信任感。灵湖拾安农场得到了管理部门和大众的认可，成为临海市的采摘基地，一到节假日家长们带着小朋友入园采摘；同时打通了线上线下的销售通道，自营水果店和微信商城同步上线，为更多人带去这份甜。

（2）业务系统。①发起人以开始吧众筹平台为核心，应用微信、新浪微博等社交媒体宣传、推广农产品众筹项目“产自‘江南桔乡’的零农药激素爆汁桔子，让你无法抗桔”。借助农产品产地标识等元素建立农产品品牌，形成强大的传播效应，吸引消费者关注和支持。②支持人参与农产品众筹。在众筹过程中，发起人设置农产品的预售时间、预售价格以及预售数量。发起人通过开始吧众筹平台实时更新项目众筹进度。当筹资达到目标金额，众筹成功。开始吧众筹平台向发起人支付固定比例资金，待农产品成功交付后再支付剩余款项。③发起人按订单生产和供应农产品拾安蜜桔，监控众筹项目运营。生产者根据支持人订单合理安排农产品的种植和收获计划。待农产品拾安蜜桔成熟后由物流公司从产地向支持人直接配送，保证农产品新鲜度。

（3）盈利模式。农产品众筹项目成功后，发起人获得生产农产品拾安蜜桔的资金，为发起人解决了农业创业资金短缺的问题，发起人（生产者）获得提供高品质农产品的利润；支持人可获得满足自身需求的高性价比农产品拾安蜜桔，解决了农产品供需不匹配的问题，为众筹项目支持人和众筹项目参与主体创造价值。开始吧众筹平台获取佣金。

（4）现金流结构

以农产品众筹项目参与主体的利益相关者划分现金流入的结构和流出的结构以及相应的现金流的形态。支持人在线支持农产品众筹项目，把资金打入开始吧众筹平台指定的账号。农产品众筹项目发起人和支持人双方不直接进行资金收付，而是通过第三方账户进行，如同淘宝的支付宝。

5. 农产品众筹项目价值创造过程分析

基于开始吧众筹平台实现农产品众筹项目商业模式的价值实现过程：发起人协同生产者等参与主体，基于开始吧众筹平台汇集支持人对农产品拾安蜜桔的需求，实现农产品拾安蜜桔以销定产，为支持人提供农产品拾安蜜桔的同时促进本农产品众筹项目其他参与主体自身价值的提升（但斌等，2017）。

五、基于 Hamel 桥接模型的农产品众筹项目商业模式研究

（一）基于 Hamel 桥接模型的农产品众筹项目理论模式构建

Gray Hamel（2000）开启了商业模式结构化表达模型的先河，较

早地分析了商业模式要素及要素之间的关系，构建了商业模式构成图，模型包括顾客界面（履行和支持、信息与洞察力、关系动态、定价结构）、核心战略（经营宗旨、产品/市场范围、差异化基础）、战略资源（核心能力、战略资产、核心流程）、价值网络（供应商、合作伙伴、联盟）四大要素，每个要素包含若干子要素。该模型中的四大要素由顾客利益、结构配置、企业边界三个“桥梁”连接，架构了桥接模型，在效率、独特、一致性和获利等驱动力下相互作用形成了三个交互界面，通过交互界面使得商业模式各要素形成一个相互作用、相互关联的商业模式结构图。本节基于 Hamel 桥接模型，构建农产品众筹项目商业模式的分析框架，以期更全面地刻画农产品众筹项目商业模式的动态运作，如图 3－4 所示。

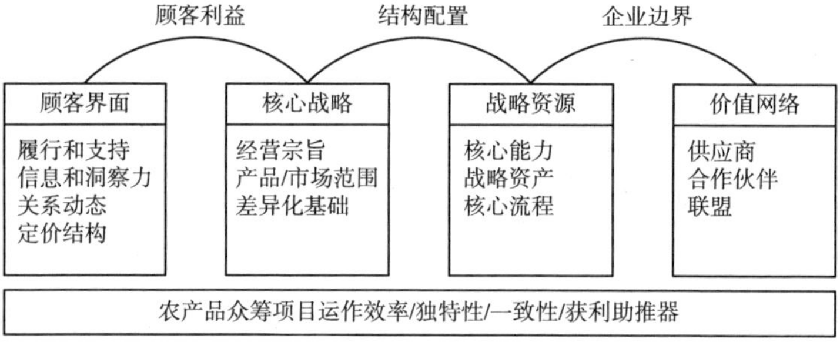

图 3－4　基于 Hamel 桥接模型的农产品众筹项目商业模式模型

（二）基于 Hamel 桥接模型的农产品众筹项目商业模式实证验证

1. 案例选取和案例描述

（1）案例选取

本节采用单案例的研究方法，遵循典型性原则，选取京东众筹平台上成功的农产品众筹项目“利人‘栗’己，筹农场助学梦”（http：//z. jd. com/project/details/66384. html？from = jr_search&type = 0）作为案例研究样本，结合本节的研究主题，通过完整的描述性案例分析，对整个研究结论做出进一步检验，并结合本案例描述，将比较抽象的理论应用于现实操作中，可以为同类农产品众筹项目运作提供借鉴和参考。

（2）案例描述

①发起众筹项目的原因（众筹故事）：借助五莲板栗众筹的契机，老王和他的团队想让更多的人熟知家乡五莲这片热土，找寻返璞归真的美味，打破城乡隔离，建好一片生态农场。五莲板栗顺应大地的时令，用最原始的耕作方式，找到最纯粹的味道。将生态农场拉近到你的生活，见证五莲板栗的生长变换，安放我们对食物朴素自然的情感。用心用好本众筹项目的筹资，筹资的一部分会用于生态农场的建设，将农场打造成一个春生夏长秋收冬藏的“见证者”，作一个质朴生态的典范。筹资的另一部分会用于资助那些贫困小学生，让他们能在爱的海洋里茁壮成长，并将这份精神传递下去。

②项目特色：健果丰生态农业有限公司追求有机、生态、创新、绿色，用最原始的方法，找寻健康的生活。本众筹项目众筹的板栗产地五莲县属温带季风性气候，温暖湿润、光照充足、四季分明，年均降水量 1257.3 毫米，土壤肥沃、富含养分。遵循自然法则，不去人为改变板栗的生长规律，用最原始、最自然的方法种植每一棵板栗树。坚持不打药、不催熟，静待板栗自然成熟。出产的五莲板栗颗粒饱满、色泽鲜艳、金黄脆甜。

③项目的发起及结果：本众筹项目由退伍军人老王与退伍的战友组成团队，在京东众筹美食市集栏目（https：//z. jd. com/bigger/search. html？ categoryId = 36&from = zchome）发起。最终项目成功，得到 290 人的支持，筹资总额 50515 元，认筹进度 101%。

④项目筹资期限、筹资目标金额及筹资用途：须在 2016 年 10 月 26 日前，筹集到 50000 元才可成功。筹资的一部分会用于生态农场的建设，筹资的另一部分会用于资助那些贫困小学生。

⑤回报设置：依据支持金额的多少分等级提供五莲板栗实物回报

和感谢信、旅游活动等。支持 49 元，将获得原生态一级板栗 2kg 和五莲义工协会感谢信一封。支持 99 元，将获得原生态一级板栗 5kg 和五莲义工协会感谢信一封。支持 299 元，将获得原生态一级板栗 5kg、山东五莲两日游：参观板栗园，畅游国家 4A 级景区五莲山景区和九仙山景区；提供连锁酒店住宿一晚（此回报须在 11 月 30 日前预约登记，五一、十一假期不可用）和五莲义工协会感谢信一封。支持 699 元，可获得原生态一级板栗 15kg、山东五莲两日游：参观板栗园，畅游国家 4A 级景区五莲山景区和九仙山景区；体验滑雪乐趣或漂流激情，体味杏石温泉的风情；提供连锁酒店住宿一晚（此回报须在 11 月 30 日前预约登记，五一、十一假期不可用）和五莲义工协会感谢信一封。支持 999 元，可获得原生态一级板栗 25kg，五莲两日游：参观板栗园，畅游国家 4A 级景区五莲山景区和九仙山景区；体验滑雪乐趣或漂流激情，体味杏石温泉风情；乘索道看奇峰赏杜鹃；健果丰樱桃园采摘；提供连锁酒店住宿一晚（此回报须在 11 月 30 日前预约登记，五一、十一假期不可用）和五莲义工协会感谢信一封。

⑥推广、互动及联系方式：提供微信、新浪微博、腾讯微博、QQ 空间、论坛、豆瓣、人人网、电话、QQ、邮箱等方式。

⑦参与主体。本案例农产品众筹项目的参与主体（Participants）包括：项目发起人（组织）及其团队（退伍军人老王与退伍的战友组成的团队、五莲县鑫磊电子商务有限公司）P1、众筹平台（京东众筹美食市集栏目）P2、项目支持人 P3、合作及管理部门（政府管理部门、板栗合作社、旅游公司、应季板栗质量检测部门、监管部门、物流公司等）P4。

⑧风险说明。第一，众筹不是商品交易。支持者根据自己的判断选择、支持众筹项目，与发起人共同实现梦想并获得发起人承诺的回报，众筹存在一定风险。第二，京东众筹平台只提供平台网络空间、技术服务和支持等中介服务。京东作为居间方，并不是发起人或支持

者中的任何一方，众筹仅存在于发起人和支持者之间，使用京东众筹平台产生的法律后果由发起人与支持者自行承担。第三，众筹项目的回报发放、发票开具及其他后续服务事项均由发起人负责。如果发生发起人无法发放回报、延迟发放回报、不提供回报后续服务等情形，您需要直接和发起人协商解决，京东对此不承担任何责任。第四，由于发起人能力和经验不足、市场风险、法律风险等各种因素，众筹可能失败。众筹期限届满前失败或募集失败的，您支持的款项会全部原路退还给您；其他情况下，您需要直接和发起人协商解决，京东对此不承担任何责任。第五，支持纯抽奖档位、无私支持档位及公益众筹项目档位，一旦支付成功将不予退款，众筹失败的除外。

2. 顾客界面

农产品众筹项目是新生事物，其顾客界面主要指与消费者的接触、沟通以及交易的方式与途径。

（1）履行与支持。履行与支持指农产品众筹项目进入市场的方式——发起人如何与消费者联系，即应用哪些渠道，提供何种形式的消费者支持以及提供何种水平的服务。本农产品众筹项目在京东众筹平台上公布了发起人的联系电话、QQ、邮箱，以方便消费者快捷地获得服务。在京东众筹平台上展示农产品众筹项目的进展情况，并公布了8条项目进展信息，涉及众筹项目的开始、预热、筹资、发放回报等方面，消费者可以通过京东众筹平台的论坛页面对众筹项目的进展情况进行提问以了解更多细节，发起人对消费者的提问进行在线回答，共公布了22个话题，主要是关于五莲板栗的提问及回答；支持人可以将自己感兴趣的关于本众筹项目的话题分享到微信、新浪微博、腾讯微博、QQ空间、豆瓣、人人网等。本众筹项目为消费者提供的各项服务水平较高。

（2）信息与洞察力。信息与洞察力指众筹项目团队从消费者获得并用到消费者上的信息，为消费者提供的信息以及洞察这些信息的能力。随着人们收入水平的提高，越来越多的消费者渴望能买到绿色、有机、安全的农产品。消费者通过智能手机等移动设备可以轻松地访问京东众筹平台。本农产品众筹项目可使支持人以较低价格购买到五莲板栗。

（3）关系动态。关系动态指农产品众筹项目团队与消费者间的互动。消费者可以通过京东众筹平台上公布的发起人的联系电话、QQ 和邮箱，方便快捷地获得服务。发起人可以通过京东众筹平台的论坛页面在线回答消费者对众筹项目的提问。发起人通过京东众筹平台页面公布项目进展情况、板栗物流配送情况，支持人可对众筹项目进行在线评价。

（4）定价结构。定价结构指众筹的农产品五莲板栗的定价方式。通过众筹项目提前锁定消费者订单，实现以销定产，减少了农产品五莲板栗的中间流通环节，降低了运营成本，消费者可以低于市场的价格买到五莲板栗。

3. 核心战略

（1）经营宗旨（众筹故事）。经营宗旨是指农产品众筹项目的总体目标。借助五莲板栗众筹的契机，老王和他的团队想让更多的人熟知家乡五莲这片热土，找寻返璞归真的美味，打破城乡隔离，建好一片生态农场。五莲板栗顺应大地的时令，用最原始的耕作方式，找到最纯粹的味道。将生态农场拉近到你的生活，见证五莲板栗的生长变换，安放我们对食物朴素自然的情感。用心用好本众筹项目的筹资，筹资的一部分会用于生态农场的建设，将农场打造成一个春生夏长秋收冬藏的“见证者”，作一个质朴生态的典范。筹资的另一部分会用于资助那些贫困小学生，让他们能在爱的海洋里茁壮成长，并将这份精神传递下去。

（2）产品/市场范围。产品/市场范围指众筹项目在消费者群体、农产品产地地理位置和农产品细分等方面具有的竞争优势。本案例农产品众筹项目支持人追求更高生活品质，关心食品质量和食品安全问题，通过参与本农产品众筹项目购买到有机、绿色的五莲板栗。五莲板栗具有特殊产地地理环境优势。

（3）差异化基础。差异化基础指本众筹项目与其竞争的众筹项目的不同。健果丰生态农业有限公司追求有机、生态、创新、绿色，用最原始的方法，找寻健康的生活。本众筹项目众筹的板栗产地五莲县属温带季风性气候，温暖湿润、光照充足、四季分明，年均降水量1257.3毫米，土壤肥沃、富含养分。遵循自然法则，不去人为改变板栗的生长规律，用最原始、最自然的方法种植每一棵板栗树。坚持不打药、不催熟，静待板栗自然成熟。出产的五莲板栗颗粒饱满、色泽鲜艳、金黄脆甜。

4. 战略资源

战略资源是指众筹项目独特的具体资源，其包括核心能力、战略资产以及核心流程。

（1）核心竞争力和战略资产。核心竞争力是指众筹项目运作的独特能力，战略资产是指众筹项目拥有的稀有而又颇有价值的东西。本众筹项目是由退伍军人老王与退伍的战友组成的团队，在京东众筹美食市集栏目发起。众筹项目团队成立了“健果丰生态农业有限公司”运作本众筹项目。本众筹项目众筹的板栗具有特殊产地地理环境优势，是有机、生态、绿色的农产品。本众筹项目运作有企业作为保障，政府提供支持，每份回报中都附带一份2016年度应季板栗检验检测报告。旅游公司积极参与本众筹项目，把旅游活动作为众筹项目回报之一。

（2）核心流程。核心流程指众筹项目基于信息技术，将核心竞争力、战略资产以及其他投入转换成消费者价值。农产品众筹是技术创新驱动的新兴筹资模式，通过应用信息技术尤其是社交媒体技术，众筹项目参与各方可以进行高效的协作，农产品众筹项目的流程得到优化，更加合理。

5. 价值网络

众筹筹资是多方主体参与的价值共创活动。发起人及其团队不断扩大其社会网络及其影响力，吸引多方力量参与。社交媒体的应用促进了农产品众筹项目各参与主体的互动和交流。本众筹项目是由退伍军人老王与退伍的战友组成的团队发起，政府管理部门、板栗合作社、旅游公司、应季板栗质量检测部门、监管部门、物流公司等积极参与。

本农产品众筹项目筹资的一部分用于生态农场建设，筹资的另一部分用于资助那些贫困小学生。本农产品众筹项目商业模式能保持其经济价值创造和社会价值创造双重底线和平衡，不是单纯依靠顾客界面、核心战略、战略资源和价值网络中的某一个要素或某些要素，而是所有这些要素之间完美的结合。这四大要素之间并不是独立的，要素相互之间都有联系，核心战略与战略资源之间的联系是结构配置，即核心战略依赖于核心能力、战略资产以及核心流程的一种独特融合，而顾客利益又将顾客界面与核心战略联系起来，在战略资源和价值网络之间充当媒介的是企业边界。本农产品众筹项目商业模式能高效传递顾客利益、独特性程度较高、各要素能融合匹配，应用顾客利益、结构配置和企业边界三个链条建立利润推进器（profit boosters）来创造超额收益，实现农产品众筹项目各个参与主体的价值共创。

六、基于 Bouwman 商业模式结构的农产品众筹项目商业模式研究

（一）基于 Bouwman 商业模式结构的农产品众筹项目理论模式构建

Bouwman（2003）提出的商业模式结构由业务、技术、组织和

财务四大要素组成。业务要素描述了价值主张（成功的农产品众筹项目可满足各参与方的不同需求）和业务的市场目标（追求高生活品质，注重农产品品质、质量、有机、绿色、无公害的网购消费者）；技术要素描述众筹项目业务运作实现依赖的信息技术功能，主要是苏宁众筹平台提供的众筹项目业务运作功能；组织要素描述用来创造和分配农产品众筹项目业务的多角色价值网络结构；财务要素描述价值网络从农产品众筹项目业务产生收入和承担风险的方式，以及网络中各个参与主体之间投资和收入的分配方式。本节基于 Bouwman 商业模式结构，构建农产品众筹项目商业模式的分析框架，以期更全面地刻画农产品众筹项目商业模式的动态运作，如图 3－5 所示。

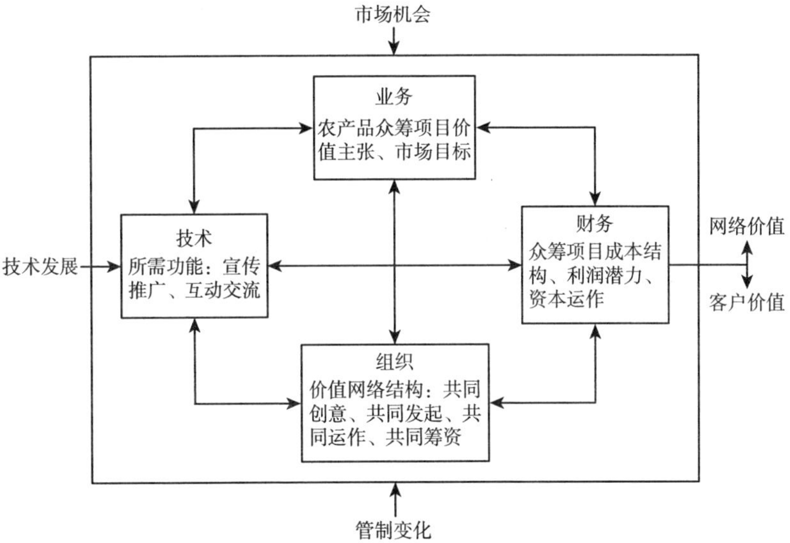

图 3－5　基于 Bouwman 商业模式结构的农产品众筹项目商业模式模型

（二）基于Bouwman商业模式结构的农产品众筹项目商业模式实证验证

1. 案例选取和案例描述

（1）案例选取。

本节采用单案例的研究方法，遵循典型性原则，选取苏宁众筹平台上成功的农产品众筹项目“生态、绿色宁夏六盘山高原红枸杞”（http：//zc. suning. com/project/detail. htm？ projectId = 21825）作为案例研究样本，结合本节的研究主题，通过完整的描述性案例分析，对整个研究结论做出进一步检验，并结合本案例描述，将比较抽象的理论应用于现实操作中，可以为同类农产品众筹项目运作提供借鉴和参考。

（2）案例描述。

①发起众筹项目的原因（众筹故事）：众筹项目发起人林振华及其成立的宁夏正杞红枸杞产业发展有限公司团队希望通过努力建造一个独具特色的生态绿色枸杞庄园，让所有人都能吃到安全营养的好枸杞。众筹项目的愿景是：在中国最贫困的地区，种出中国高品质的枸杞。六盘正杞红枸杞是好产品，因为产量少，8 年来主要做企业团购、定制、社群营销。今天我们众筹的目的是用亲民的价格让更多的消费者分享我们努力的成果。

②项目特色：六盘正杞红枸杞来自宁夏固原六盘山，六盘山森林覆盖率达 80% 以上，生态环境好，被称为黄土高原上的“绿色岛屿”，土壤肥沃，是得天独厚的枸杞生长地。高海拔，无工业污染、原生态，零添加、温差大，营养积累好、日照时间长，枸杞能充分进行光合作用、小产区。产品特点：六盘正杞红枸杞源于自然，本色本味、生态绿色、营养丰富，富含枸杞多糖、甜菜碱、胡萝卜素、蛋白质、铁、钙、钠、硒、维生素等，其中枸杞主要营养成分枸杞多糖最

高达7.78%，是普通枸杞的1倍多。产品优势：采用绿色标准、科学种植。主栽宁杞7号、5号新优品种，一年一熟只采夏果，120天长生长期，各种营养成分都得到了充分积累，品质高，产量低，亩产量仅百余斤。无公害人工除草，完善的病虫害检测系统，大范围统一防控，严格绿色标准防治。全人工分茬采摘，每一棵鲜果都细心呵护、成熟饱满。枸杞经过严格的清洗、破蜡、环保烘干、分拣杀菌、绿色检测等多重工序，保证枸杞干果达到免洗品质，口感甘甜，淡雅醇和，一颗入喉，回味悠长。

③项目的发起及结果：本众筹项目由林振华及其成立的宁夏正杞红枸杞产业发展有限公司团队，在苏宁众筹平台农业众筹栏目（http://zc.suning.com/project/browseList.htm? c=04&t=&s=）发起。最终项目成功，得到552人的支持，筹资总额101008元，认筹进度101%。

④项目筹资期限及金额：须在2019年1月23日前，筹集到100000元才可成功。

⑤回报设置：依据支持金额的多少分等级提供六盘正杞红枸杞实物回报。支持99元（100份），将以99元的众筹价格（参考价238元）获得六盘正杞红枸杞1盒（380g/盒）；支持129元（10000份），将以129元的众筹价格（参考价238元）获得六盘正杞红枸杞1盒（380g/盒）；支持209元（10000份），将以209元的众筹价格（参考价476元）获得六盘正杞红枸杞2盒（380g/盒）。

⑥推广、互动及联系方式：提供微信、新浪微博、QQ空间、论坛、电话等方式。

⑦参与主体。本案例农产品众筹项目的参与主体（Participants）包括：项目发起人（组织）及其团队（林振华及其成立的宁夏正杞红枸杞产业发展有限公司团队）P1、众筹平台（苏宁众筹平台农业众筹栏目）P2、项目支持人P3、合作及管理部门（中国绿色食品发展中心、宁夏回族自治区林业厅、枸杞质量检验检测部门、监管部

门、物流公司等）P4。

⑧风险提示。第一，众筹并非商品交易，存在一定风险。支持者根据自己的判断选择、支持众筹项目，与发起人共同实现梦想并获得发起人承诺的回报。第二，众筹平台仅提供平台网络空间及技术支持等中介服务，众筹仅存在于发起人和支持者之间，使用众筹平台产生的法律后果由发起人与支持者自行承担。第三，本项目必须在2019年1月23日之前达到100000元的目标才算成功，否则已经支持的订单将取消。订单取消或募集失败的，您支持的金额将从原支付路径退回。

2. 业务要素

业务要素一是描述农产品众筹项目的价值主张：成功的农产品众筹项目可满足各参与方的不同需求。众筹项目发起人（组织）及其团队（林振华及其成立的宁夏正杞红枸杞产业发展有限公司团队）P1，通过苏宁众筹平台，低门槛、低成本地发起农产品众筹项目“生态、绿色宁夏六盘山高原红枸杞”。众筹项目成功后，发起人（组织）及其团队P1获得用于生产农产品六盘正杞红枸杞和众筹项目运营的资金。苏宁众筹平台（农业众筹栏目）P2的核心价值是为众筹项目发起人和支持人提供交流、互动平台，通过成功的众筹项目宣传平台，获取平台使用费回报。支持人P3可以得到农产品六盘正杞红枸杞实物回报。合作及管理部门P4中，中国绿色食品发展中心、宁夏回族自治区林业厅、枸杞质量检验检测部门、监管部门完成本职工作，物流公司通过为支持人配送六盘正杞红枸杞获得利润。

业务要素二是描述农产品众筹项目的市场目标：追求高生活品质，注重农产品品质、质量、有机、绿色、无公害的网购消费者，他们较易接受农产品众筹这种新型农产品预售模式。

3. 技术要素

技术要素描述农产品众筹项目业务运作实践依赖的信息技术功

能，主要是通过应用信息技术提供的众筹项目业务运作功能。众筹项目发布后，发起人及其团队充分利用苏宁众筹平台上的微信、新浪微博、QQ空间、论坛等工具宣传、推广众筹项目，充分利用主要门户网站（如腾讯、搜狐）、新兴网络媒体、论坛等对农产品众筹项目进行更大范围的宣传、推广。在众筹项目进行过程中，消费者通过苏宁众筹平台上项目筹资页面的评论、进展等板块表达对项目的关注，共发起131个话题，咨询关于众筹项目及枸杞质量等问题。众筹项目团队成员或支持人通过微信、新浪微博、QQ空间、论坛等社交媒体分享众筹项目信息。

4. 组织要素

组织要素描述在农产品众筹项目运作管理制度规则下，众筹项目在创造和分配价值过程中的内部、外部多个参与主体的多角色价值网络结构。众筹筹资是一种社交金融，也是多方主体参与的价值共创活动。发起人及其团队不断扩大其社会网络及其影响力，吸引多方力量参与。本众筹项目由林振华及其成立的宁夏正杞红枸杞产业发展有限公司团队发起，中国绿色食品发展中心、宁夏回族自治区林业厅、枸杞质量检验检测部门、监管部门、物流公司等积极参与。发起人协同生产者等参与主体，基于苏宁众筹平台汇集支持人对农产品六盘正杞红枸杞的需求，实现农产品六盘正杞红枸杞以销定产，为支持人提供农产品六盘正杞红枸杞的同时促进本农产品众筹项目其他参与主体自身价值的提升。农产品众筹项目是参与主体通过价值共创提供价值主张的集体行为。基于农产品众筹项目“生态、绿色宁夏六盘山高原红枸杞”的运作实践，参与主体通过共同创意、共同发起、共同运作、共同筹资等价值共创形式和行为实践完成农产品众筹项目的价值创造。农产品众筹项目成功后，发起方林振华及其成立的宁夏正杞红枸杞产业发展有限公司团队获得生产农产品六盘正杞红枸杞所需资金和众筹项目运营资金。苏宁众筹平台收取筹集资金总额3%的平台使用费。合作部门物流公司获得配送六盘正杞红枸杞的利润。

5. 财务要素

财务要素体现农产品众筹项目的成本结构和利润潜力，描述众筹项目盈利收入的方式，以及众筹项目参与主体之间资本运作和收入的分配方式。（1）成本结构。本众筹项目的成本主要包括众筹项目发布前的营销推广成本，支付给苏宁众筹平台的服务费，种植六盘正杞红枸杞的成本，众筹成功之后执行订单的成本包括采摘、配送六盘正杞红枸杞的成本等。（2）盈利收入。苏宁众筹平台的盈利收入：农产品项目众筹成功后不论是否履约承诺，都将收取发起人筹集资金总额的3%作为平台使用费。对于支持人：不收取任何费用。如果众筹失败，苏宁众筹平台不收取费用。发起人通过为支持人提供六盘正杞红枸杞获得收入。（3）资本运作。众筹项目成功后，先拨付一部分项目启动资金给发起人，根据项目的兑现情况逐步分批拨付资金。对于不能履行承诺的发起人，除返还支持人资金外须另赔付5%的违约赔偿金。众筹项目创造的价值包括客户价值和网络价值。

农产品众筹项目商业模式的业务、技术、组织和财务这四大要素应保持平衡，以创造经济价值和客户价值。众筹项目必须保持利益和商业逻辑方面的平衡，以创造每个参与主体都积极合作的局面，从而使众筹项目价值共创的收益更大。四大要素的选择和结构设计是相互关联的，如技术要素功能源于信息技术尤其是社交媒体技术的发展，业务选择对应消费者对市场上高品质农产品需求的机会，组织设计考虑农产品众筹市场变化，财务成功结合网络价值和客户价值，因而具有较强的系统性。商业模式设计时要考虑各个要素的外部条件，如信息技术尤其是社交媒体技术的发展决定了苏宁众筹平台业务功能的水平；市场机会影响到业务选择，农产品众筹面对的是一个大众的市场，符合目前大众对高品质生活需求的实际情况，越来越多的人渴望买到绿色、有机、安全的农产品，有一个有利于其快速发展的经济环境；市场管制的变化决定了组织结构的设计，2014 年后，农产品众筹走进大众视野，很大程度上依靠国家政策的支持。随着越来越多关于农产品众筹的法律法规出台以及监管措施的落地，农产品众筹将在更为规范、有序的前提下开展；网络价值和客户价值的实现是农产品众筹项目获取收益的前提。

七、基于商业模式整合表达模型的农产品众筹项目商业模式研究

（一）基于商业模式整合表达模型的农产品众筹项目理论模式构建

商业模式是企业组织重塑和保持竞争优势的关键，其创新强调企业业务要面向消费者。商业模式整合表达模型由王雪冬和董大海（2013）在综合商业模式研究典型模型，如 Hamel 的桥接模型、Amit 和 Zott 的运营系统模型、Osterwalder 和 Pigneur 的 BM^2L 模型、Johnson 和 Christensen 的四要素模型、Demil 和 Lecocq 的 RCOV 模型、Itami 和 Nishino 的双要素模型、Shafer 的核心逻辑模型、Chesbrough 的启发逻辑模型和 Teece 的环状逻辑模型的基础上提出的一种综合的商业模式模型，通过核心层、汇聚层、接入层三个层次，将商业模式核心构成要素架构为完整的具有结构性、逻辑性和层次性的表达模型。商业模式整合表达模型把商业模式的不同要素按功能分散到不同层次，每一层次都有必不可少的特定功能。第 N 层的要素，只能借助于第 N—1 层要素所具备的功能来发挥自己的功能。基于商业模式整合表达模型的农产品众筹项目商业模式模型如图 3 -6所示。

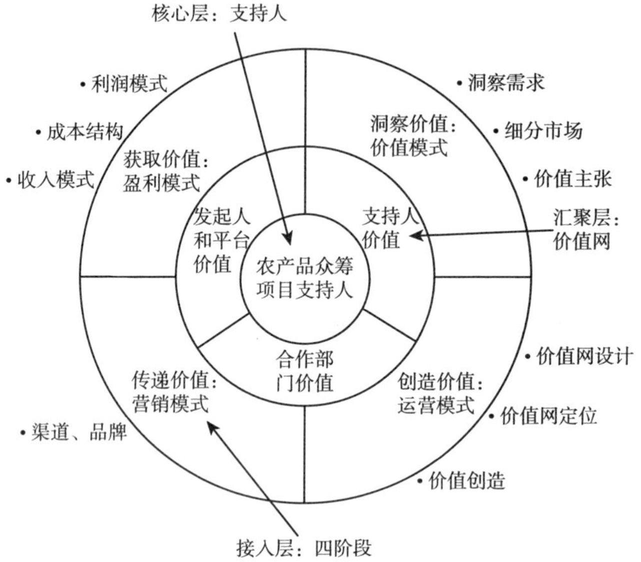

图 3-6　基于商业模式整合表达模型的农产品众筹项目商业模式模型

（二）基于商业模式整合表达模型的农产品众筹项目商业模式实证验证

1. 案例选取和案例描述

（1）案例选取

本节采用单案例的研究方法，遵循典型性原则，选取京东众筹平台上成功的农产品众筹项目“云南哈尼梯田红米”（http：//z. jd. com/project/details/73303. html？from = jr_search&type = 0）作为案例研究样本，结合本节的研究主题，通过完整的描述性案例分析，对整个研究结论做出进一步检验，并结合本案例描述，将比较抽象的理论应用于现实操作中，可以为同类农产品众筹项目运作提供借鉴和参考。

（2）案例描述

①发起众筹项目的原因（众筹故事）：良作诚品为您精选的是来自云南的原生态无污染健康食材，这些食材很多来自云南大山深处的贫困地区，有的地方，要开车走4－5个小时的山路才能到达。正是因为远离现代化的城市，呼吸着大自然赠予的纯净空气，接受着阳光雨露的滋润，才有了带着天地灵气的原生态食材。但也因为地处偏远，当地人的生活仍然相对贫困，尤其是大山深处的孩子，教育问题仍然亟待解决。良作诚品作为云南本土的电商企业，一方面希望给生活在城市中的人们提供最好的山货和生态食材，另一方面，也希望帮助贫困地区的人们改善生活现状。

②项目特色：梯田红米产自世界文化遗产地“云南哈尼梯田”，原生态、无污染、纯净、健康。哈尼梯田红米极具营养价值，钙、锌、铁、镁、硒、铜、钾等微量元素含量极为丰富，蛋白质、氨基酸、维生素、纤维素的含量高于普通大米，富含人体所需的18种氨基酸，人体所不能合成的8种氨基酸中，哈尼梯田红米含有7种。所含的氨基酸及膳食粗纤维是普通大米的3.6倍，钙含量是普通大米的3倍，镁含量为普通大米的3～5倍。

③项目的发起及结果：本众筹项目由昆明良作商贸有限公司，在京东众筹美食市集栏目发起。最终项目成功，得到152人的支持，筹资总额10931元，认筹进度219%。

④项目筹资期限、筹资目标金额及筹资用途：须在2017年3月10日前，筹集到5000元才可成功。筹资的70%用于加工、包装及运费、支付农民种植费，筹资的30%用于农田灾害应急及扶贫的费用支出。

⑤回报设置：依据支持金额的多少分等级提供哈尼梯田红米实物回报。支持1元，每满170人抽取1位幸运支持人（不足170人也抽取1位），将获得价值178元哈尼梯田红米礼盒装1盒，4kg/盒（等级：一级，年份：当年），免费配送；支持99元，将获得2袋真空包

装哈尼梯田红米，1kg/袋（等级：一级，年份：当年），免费配送；支持198元，将获得1盒哈尼梯田红米礼盒装，4kg/盒（等级：一级，年份：当年），免费配送；支持388元，将获得2盒哈尼梯田红米礼盒装，4kg/盒（等级：一级，年份：当年），免费配送；支持498元，将获得3盒哈尼梯田红米礼盒装，4kg/盒（等级：一级，年份：当年），免费配送；支持818元，将获得5盒哈尼梯田红米礼盒装，4kg/盒（等级：一级，年份：当年），免费配送。

⑥推广、互动及联系方式：提供微信、新浪微博、腾讯微博、QQ空间、论坛、豆瓣、人人网、电话等方式。

⑦参与主体。本案例农产品众筹项目的参与主体（Participants）包括：项目发起人（组织）及其团队（昆明良作商贸有限公司）P1、众筹平台（京东众筹美食市集栏目）P2、项目支持人P3、合作及管理部门（哈尼梯田红米质量检测部门、农户、监管部门、物流公司等）P4。

⑧风险说明。第一，众筹不是商品交易。支持者根据自己的判断选择、支持众筹项目，众筹存在一定风险。第二，京东众筹平台只提供平台网络空间、技术服务和支持等中介服务，使用京东众筹平台产生的法律后果由发起人与支持者自行承担。第三，众筹项目的回报发放、发票开具及其他后续服务事项均由发起人负责。如果发生发起人无法发放回报、延迟发放回报、不提供回报后续服务等情形，您需要直接和发起人协商解决，京东对此不承担任何责任。第四，众筹期限届满前失败或募集失败的，您支持的款项会全部原路退还给您；其他情况下，您需要直接和发起人协商解决，京东对此不承担任何责任。第五，支持纯抽奖档位、无私支持档位及公益众筹项目档位，一旦支付成功将不予退款，众筹失败的除外。

2. 核心层运作实证分析

核心层是指最终承载农产品众筹项目运作所有流量的层次。在基于商业模式整合表达模型的农产品众筹项目商业模式的模型化表达中，众筹项目支持人处于核心层的位置。农产品众筹项目商业模式强调以支持人为中心，围绕支持人来表达农产品众筹项目价值创造问题，强调农产品众筹项目要面向支持人，以支持人为出发点和落脚点。支持人价值主张是农产品众筹项目商业模式的灵魂，也是农产品众筹项目商业模式创新的源头和出发点。农产品哈尼梯田红米，只有得到消费者的认可，众筹项目才能成功。因此，本众筹项目发起人在对农产品哈尼梯田红米自身认知的基础上，进一步寻找消费者的价值观，明确消费者的需求，从消费者那里找到农产品哈尼梯田红米存在的特殊价值。本案例农产品众筹项目支持人追求更高生活品质，注重食品安全问题，于是开始关注、参与农产品众筹。本农产品众筹项目众筹的农产品哈尼梯田红米正好可以满足这一条件，这也是本农产品众筹项目成功的关键所在。

3. 汇聚层运作实证分析

成功的农产品众筹项目可满足各参与主体的不同需求。汇聚层是连接接入层和核心层的层次，将农产品众筹项目的各种价值行为进行归类，并与“支持人”相连接。如果说“支持人”是农产品众筹项目商业模式的核心，那么“价值”就是农产品众筹项目商业模式的中心议题，汇聚层的价值包括支持人价值、发起人和众筹平台价值、众筹项目合作部门价值。支持人价值是农产品众筹项目商业模式价值体系的核心，也是商业模式的根基和出发点，支持人价值代表了支持人在农产品众筹项目价值网络中所能获得的利益：支持人 P3 可以得到农产品哈尼梯田红米实物回报。

发起人和众筹平台价值：众筹项目发起人（组织）及其团队 P1（昆明良作商贸有限公司），通过京东众筹平台，低门槛、低成本地发起农产品众筹项目；项目成功后，发起人（组织）及其团队 P1 获得项目成功后的用于生产农产品哈尼梯田红米和众筹项目运营的资金。京东众筹平台（食品众筹栏目）P2 的核心价值是为项目发起人和项目支持人提供互动平台，通过成功的众筹项目宣传平台，获取筹资额度3%的佣金收入。

众筹项目合作部门价值表示这些农产品众筹项目合作部门在农产品众筹项目商业模式价值网络中应得的利益：农产品众筹项目成功后，合作及管理部门 P4 中，哈尼梯田红米质量检测部门、监管部门完成本职工作，物流公司通过为支持人配送哈尼梯田红米获得利润。

4. 接入层运作实证分析

接入层的作用按照农产品众筹项目价值发生的不同阶段，分为洞察价值（价值模式）、创造价值（运营模式）、传递价值（营销模式）、获取价值（盈利模式）四个部分。

（1）洞察价值（价值模式）是农产品众筹项目发起人应用自己的价值洞察力来洞察消费者的价值主张，具体包括洞察需求、细分市场、提出消费者价值主张三部分。农产品众筹项目发起人通过洞察价值了解到消费者对原生态、有机、无污染、纯净、健康的农产品哈尼梯田红米有很大需求、竞争对手的农产品如普通大米不能满足消费者的这些需求，哈尼族历史悠久的农耕技术、云南哈尼梯田特殊产地地理环境优势等方面提升了满足消费者需求的可能性，通过自己的农产品哈尼梯田红米为支持人提供价值。

（2）创造价值，也即运营模式。农产品众筹项目价值创造过程将提供实现其价值必须经历的流程、步骤、活动、变化情况和新安排等，是农产品众筹项目参与主体间独特的互惠链接运作过程。运营模式包括价值网设计、价值网定位、价值创造三部分，其成功的标准是：是否能够形成农产品众筹项目节点式的资源互联互通的网格结构，是否能够形成农产品众筹项目发起人昆明良作商贸有限公司、京东众筹平台和支持人之间三位一体的利益格局。基于农产品众筹项目

“云南哈尼梯田红米”的运作实践，参与主体通过共同创意、共同发起、共同运作、共同筹资等价值共创行为实践促进本农产品众筹项目成功。

（3）传递价值，也即营销模式。营销模式反映农产品众筹项目用来向消费者传递价值的不同手段，包括品牌、渠道等。本农产品众筹项目在京东众筹平台上公布了发起人的联系电话，以方便消费者快捷地获得服务。在京东众筹平台上展示了8条众筹项目进展情况信息，消费者通过京东众筹平台的论坛页面对众筹项目发起了4条提问，发起人对支持人的提问进行在线回答；支持人可以将自己感兴趣的关于本众筹项目的话题分享到微信、新浪微博、腾讯微博、QQ空间、论坛、豆瓣、人人网。

（4）获取价值，也即盈利模式。农产品众筹项目商业模式的核心目标之一是创新价值的获取，主要包括众筹项目成功后发起人获得生产农产品哈尼梯田红米所需资金、京东众筹平台获得佣金收入等。盈利模式包括收入模式、成本结构和利润模式三个要素。京东众筹平台的盈利收入：农产品项目众筹成功后不论是否履约承诺，都将收取发起人筹集资金总额的3%作为佣金。对于支持人：不收取任何费用。如果众筹失败，京东众筹平台不收取费用。本农产品众筹项目的收入来源是基于预售，发起人通过为支持人提供哈尼梯田红米获得收入。考虑到支持人对哈尼梯田红米的需求数量不同，众筹数量或支持金额越多，价格越优惠。本众筹项目的成本主要包括众筹项目发布前的营销推广成本，众筹成功之后支付给京东众筹平台的佣金，执行订单的成本包括用于农产品哈尼梯田红米的加工、包装及运费成本、支付农民种植费成本，用于农田灾害应急及扶贫的费用支出成本。

基于商业模式整合表达模型的农产品众筹项目商业模式展示了农产品众筹项目发起人应该如何以支持人为中心，围绕价值这个中心议题来洞察价值、创造价值、传递价值和获取价值。本节构建的农产品众筹项目商业模式具有结构与逻辑、模块与系统、客观与主观、静态与动态多重特点，既是一种由不同模块构成的静态结构，高度概括地描述了农产品众筹项目发起人和京东众筹平台如何以营利方式来创造、传递和获取价值，又是一个不同要素动态演化的系统，代表农产品众筹项目的核心设计与逻辑。

八、本章小结

本章基于商业模式一般性研究框架、基于商业模式九要素模型、基于魏朱商业模式六要素模型、基于 Hamel 桥接模型、基于 Bouwman 商业模式结构、基于商业模式整合表达模型分别构建了六个农产品众筹项目商业模式模型，结合六个典型的农产品众筹项目案例，分析了六个农产品众筹项目商业模式的运作过程。本章构建的六个农产品众筹项目商业模式分析框架更具一般性、通用性，组件要素的概括性、分析的系统性使得构建的商业模式不仅适用于描述与分析不同行业、不同组织的产品型众筹项目商业模式，还能够分析基于业务视角的多个组织共同构建的众筹项目商业模式。丰富并完善了农产品众筹项目商业模式的理论体系，可为政府农村建设管理部门、农产品众筹平台、电商企业、农村电商扶贫团队、农户和个人进行农产品众筹提供对策建议和理论参考。

农产品众筹项目商业模式与关键成功因素研究

Chapter 4

第四章　农产品众筹项目关键成功因素研究

一、研究设计

农产品众筹作为一个新生事物，从实践上看其发展具有很多益处，能有效解决现实中中小农业企业融资难、农产品销售难等问题。农产品众筹项目不同于其他类型产品众筹项目，因农产品生长周期长、自然依赖性较大、季节性强等特点，其筹资成功率要远低于其他类型众筹项目，因此，研究农产品众筹项目关键成功因素已经成为促进其发展的重要问题。农产品众筹项目关键成功因素的内容以及内在逻辑尚不清楚，采用探索性的多案例研究相比大样本实证研究而言，更贴近理论构念（Eisenhardt K. M.，1989）。

二、案例选取和数据收集

本节收集主要的众筹网站（淘宝众筹、京东众筹、众筹网、苏宁众筹、开始吧众筹）上发布的五个农产品众筹项目作为研究案例，案例简况如表 4－1 所示。

表 4－1　　　　五个农产品众筹项目信息简况表

平台	项目名称	目标金额、实际金额、支持人数	回报设置	推广、互动及联系方式	主要参与主体	项目特色
淘宝众筹	时令生鲜，丹棱丑橘不知火	50000 元 113710 元 2717 人	分等级设置实物回报	阿里旺旺、淘宝账号、新浪微博、人人网、豆瓣	发起人、淘宝众筹、支持人	特殊产地地理环境优势

续表

平台	项目名称	目标金额、实际金额、支持人数	回报设置	推广、互动及联系方式	主要参与主体	项目特色
京东众筹	东北朝阳小米，给你营养早餐	5000元 15811元 204人	分等级设置实物回报	微信、新浪微博、腾讯微博、QQ空间、论坛、豆瓣、人人网	发起人、京东众筹、支持人	国家地理保护标识产品
众筹网	核桃的力量，农民的希望！	5000元 5441元 105人	分等级设置实物回报	微信、QQ空间、新浪微博、论坛、电话	发起人、众筹网、支持人	大学生村官发起、众筹扶贫、绿色食品证书
苏宁众筹	独一份！牛奶糖牙感的纯吊干红枣	5000元 7114元 86人	分等级设置实物回报	微信、新浪微博、QQ空间、论坛、电话	发起人、苏宁众筹、支持人	特殊产地地理环境优势
开始吧众筹	你愿意为一支有机好玉米等待189天吗	5000元 164463元 405人	分等级设置实物回报	微信、新浪微博、电话	发起人、开始吧众筹、支持人	特殊产地地理环境优势、有机产品认证证书

用于进行分析的五个案例的资料和数据主要来源于众筹平台上发布的五个农产品众筹项目信息；还有就是收集网站、论坛、微博或其他媒体发布、转载的五个案例的相关信息。收集的五个案例的详细数据如下：

案例4-1　时令生鲜，丹棱丑橘不知火

农产品众筹项目“时令生鲜，丹棱丑橘不知火”（https://izhongchou.taobao.com/dreamdetail.htm?spm=a215p.128754.653087.22.786f4ed6IeRqER&id=20075140）发布在淘宝众筹平台上。案例描述：

（1）发起众筹项目的原因（众筹故事）：两代果农，一直以种植

“不知火”为生。我们这一代在众多朋友的支持下，做了上一代果农不敢想做的事情：借助互联网，让更多的人品尝到这里的美味。如果也对这份味道充满期待，欢迎加入我们的众筹之中。我们承诺：新鲜带叶现采现发，让大家第一时间感受这时令美味。

（2）项目特色：“丹棱丑橘不知火”产地具有得天独厚的地理条件。“丑橘不知火”产地位于四川丹棱。丹棱县具有气候温和，雨量充沛，四季分明，冬暖春早、夏长，无霜期长，水热资源充沛等特点。“丹棱丑橘不知火”生长周期漫长，二月开花三月挂果，十月套袋越冬生长，暮春成熟，历时一年之久。是北纬30°的味觉奇迹，果肉清脆，风味很独特，酸甜适中，好吃不上火。2012年农业部授予丹棱橙橘“农产品地理保护标志”。

（3）项目的发起及结果：成都南艺文化传播有限公司联合大雅农业在淘宝众筹平台食品众筹栏目发起农产品众筹项目“时令生鲜，丹棱丑橘不知火”。最终项目成功，得到2717人的支持，筹资总额113710元，项目完成进度227%。

（4）项目筹资期限及金额：须在2018年4月23日前，筹集到50000元才可成功。

（5）回报设置：依据支持金额的多少分等级提供丹棱丑橘实物回报。支持30元，将获得果径70～75毫米不知火2.5kg；支持40元，将获得果径75～80毫米不知火2.5kg；支持50元，将获得果径80～90毫米不知火2.5kg。

（6）推广、互动及联系方式：提供阿里旺旺、淘宝账号、新浪微博、人人网、豆瓣等方式。

（7）参与主体。本案例农产品众筹项目的参与主体（participants）包括：项目发起人（组织）及其团队（成都南艺文化传播有限公司联合大雅农业）P1、众筹平台（淘宝众筹平台食品众筹栏目）P2、项目支持人P3、合作及管理部门（果农、监管部门、物流公司等）P4。

(8) 风险提示。第一，众筹并非商品交易，项目存在一定风险，如项目筹款成功但发放回报出现问题，您可申请退款退回支持金额中的尾款部分，而首笔款部分由于已被项目组织者使用，您可能会承担首笔款无法退回的损失。后期如对项目组织者的处理仍有疑问，可申请淘宝客服介入。第二，请在支持项目后15分钟内付款，否则您的支持请求会被自动关闭。第三，本页面统计的项目总支持人数和总支持金额存在一定的延迟，以单个回报详情为准。

案例4-2 东北朝阳小米，给你营养早餐

农产品众筹项目“东北朝阳小米，给你营养早餐”（https://z.jd.com/project/details/99243.html? from = jr_search&type = 0）发布在京东众筹平台上。案例描述：

(1) 发起众筹项目的原因（众筹故事）：为什么众筹？让农户不再担心粮食卖不出去。朝阳县的农户每年的主要农作物就是小米，每到这个丰收的季节，原本是一件很高兴的事情，但对于农户来说却为找不到销售渠道而发愁，由于朝阳县地理位置四面环山，交通不便，导致农户辛苦种植的农作物走不出去。为了提高朝阳县农户的收入，改变贫困户的现状，我们来做绿色农产品的搬运工，帮助朴实的农户把正宗的朝阳小米送到全国，带动地方农业产业的发展。

(2) 项目特色：朝阳小米生长在杂粮之乡朝阳，朝阳具有独特的地理位置和气候条件，四季分明、雨热同季、昼夜温差大、光照时间长，这些自然气候特征为生产优质杂粮提供了先天优势。朝阳所产谷子蛋白质、氨基酸、维生素硒等含量高。朝阳是小米之乡，这里的小米色泽金黄，米粒饱满，蒸煮熬皆宜。四月至五月种植春谷，五月至七月谷子生长，八月至九月谷子成熟，九月至十月收割谷子。朝阳小米是“国家地理保护标识产品”。

(3) 项目的发起及结果：由朝阳农品旗舰店（辽宁朝阳农品农

业科技发展有限公司)，在京东众筹美食市集栏目发起农产品众筹项目“东北朝阳小米，给你营养早餐”。最终项目成功，得到204人的支持，筹资总额15811元，项目完成进度316%。

(4) 项目筹资期限、筹资目标金额及筹资用途：须在2018年6月28日前，筹集到5000元才可成功。筹资的70%用于支付贫困户粮食费用，筹资的30%用于支付农户种植、加工、包装、运费。

(5) 回报设置：依据支持金额的多少分等级提供朝阳小米实物回报。支持34元，将获得价值47元的朝阳小米(2.5kg手拎包装×1)；支持62元，将获得价值94元的朝阳小米(2.5kg手拎包装×2)；支持120元，将获得价值141元的朝阳小米(2.5kg手拎包装×4)；支持170元，将获得价值235元的朝阳小米(2.5kg手拎包装×6)。

(6) 推广、互动及联系方式：提供微信、新浪微博、腾讯微博、QQ空间、论坛、豆瓣、人人网等方式。

(7) 参与主体。本案例农产品众筹项目的参与主体(participants)包括：项目发起人(组织)及其团队(朝阳农品旗舰店(辽宁朝阳农品农业科技发展有限公司))P1、众筹平台(京东众筹美食市集栏目)P2、项目支持人P3、合作及管理部门(政府部门、中国地理标志产品保护中心、监管部门、物流公司等)P4。

(8) 风险说明。第一，众筹不是商品交易。支持者根据自己的判断选择、支持众筹项目，众筹存在一定风险。第二，京东众筹平台只提供平台网络空间、技术服务和支持等中介服务，使用京东众筹平台产生的法律后果由发起人与支持者自行承担。第三，众筹项目的回报发放、发票开具及其他后续服务事项均由发起人负责。如果发生发起人无法发放回报、延迟发放回报、不提供回报后续服务等情形，您需要直接和发起人协商解决，京东对此不承担任何责任。第四，众筹期限届满前失败或募集失败的，您支持的款项会全部原路退还给您；

其他情况下，您需要直接和发起人协商解决，京东对此不承担任何责任。第五，支持纯抽奖档位、无私支持档位及公益众筹项目档位，一旦支付成功将不予退款，众筹失败的除外。

案例4-3　核桃的力量，农民的希望！

农产品众筹项目“核桃的力量，农民的希望!”（http：//www.zhongchou.cn/deal-show/id-381349）发布在众筹网上。案例描述：

（1）发起众筹项目的原因（众筹故事）：我叫高海英，和安碧伟同为刘家坪乡的大学生村官，我们分别在建档立卡贫困村关头村、关口村任职。在基层工作的我们深知农民的疾苦，在这里有这样一群人，他们生活贫困，收入仅靠种植和林果，每户人都有自家的核桃园、核桃树，但是这里交通不便，很难将核桃卖出去，更不可能有称心的收入。在农户经济收入当中，核桃收入占据很重要的地位，为了打破传统的一对一低价收购模式，当地合作社到户收购，集中加工，对核桃精心筛选，提高农产品的附加值，解决农户手中核桃销不出去的问题。我们希望通过借助众筹平台，为他们出一点点力，帮助他们变核桃为资金，提高收入，早日增收致富。

（2）项目特色：众筹的农产品核桃质量具有特殊产地地理环境优势。众筹的核桃产地自然资源丰富，气候条件适宜，良好的水、肥、光、热条件，为核桃生长提供了优越环境，受经纬度及土壤影响，核桃含油率高于全国其他产区的核桃。文县山里宝核桃种植农民专业合作社已注册“让水缘”牌核桃产品品牌，并已申报取得了中国农业部“绿色食品”的认证。

（3）项目的发起及结果：刘家坪乡电商团队在众筹网农业众筹栏目发起农产品众筹项目“核桃的力量，农民的希望!”。最终项目成功，得到105人的支持，筹资总额5441元，达成预定目标的109%。

（4）项目筹资期限、筹资目标金额及筹资用途：须在2016年4月20日前，筹集到5000元才可成功。筹资的60%支付核桃收购费用交到农户手中，30%用于合作社对核桃去皮、清洗、挑拣、包装等费用，另外10%用于支付快递费用。

（5）回报设置：依据支持金额的多少分等级提供核桃实物回报。支持22元，将获得精选二级核桃0.5kg；支持42元，将获得精选特级核桃1kg；支持139元，将获得3kg装精选一级精品核桃一箱。

（6）推广、互动及联系方式：提供微信、QQ空间、新浪微博、论坛、电话等方式。

（7）参与主体。本案例农产品众筹项目的参与主体（participants）包括：项目发起人（组织）及其团队（刘家坪乡的大学生村官高海英、安碧伟，刘家坪乡电商团队）P1、众筹平台（众筹网农业众筹栏目）P2、项目支持人P3、合作及管理部门（文县山里宝核桃种植农民专业合作社、中国绿色食品发展中心、监管部门、物流公司等）P4。

（8）风险说明。第一，众筹不是商品交易，众筹存在一定风险。第二，众筹网平台只提供平台网络空间、技术服务和支持等中介服务，使用众筹平台产生的法律后果由发起人与支持者自行承担。第三，众筹项目的回报发放、发票开具及其他后续服务事项均由发起人负责。如果发生发起人无法发放回报、延迟发放回报、不提供回报后续服务等情形，您需要直接和发起人协商解决，众筹网对此不承担任何责任。第四，众筹期限内未达到目标筹资额失败的项目，您支持的款项会全部原路退还给您；其他情况下，您需要直接和发起人协商解决，众筹网对此不承担任何责任。第五，支持纯抽奖档位、无私支持档位，一旦支付成功将不予退款，众筹失败的除外。

案例4-4　独一份！牛奶糖牙感的纯吊干红枣

农产品众筹项目“独一份！牛奶糖牙感的纯吊干红枣”（https：//zc. suning. com/project/detail. htm？projectId = 19261）发布在苏宁众筹平台上。案例描述：

（1）发起众筹项目的原因（众筹故事）：职业枣农大批涌入若羌，化肥、农药、膨大剂一用，枣子又大又好看产量又高还便宜，于是离开若羌枣地的枣农越来越多，剩下的枣农完全不是这些外来户的对手。若羌红枣越来越少。为此从 2016 年开始，6 次入疆，耗时 5 个月，行程上千公里，从茫茫戈壁中找到了 5 家优质枣，发布众筹项目。

（2）项目特色：众筹的红枣产地若羌具有特殊的地理环境和气候，产出的若羌红枣皮薄、肉厚、核小、甜度高。为了实现“牛奶糖”的品质，保留了一贯的戈壁滩原生态种植方式，吊干时间足够长。通过数轮与当地政府和民间红枣专家联合盲选，选出坚守若羌红枣最后品质的老郑家红枣品种。

（3）项目的发起及结果：苏州良知出手网络科技有限公司，在苏宁众筹平台农业众筹栏目发起农产品众筹项目“独一份！牛奶糖牙感的纯吊干红枣”。最终项目成功，得到 86 人的支持，筹资总额 7114 元，项目完成进度 142%。

（4）项目筹资期限及金额：须在 2018 年 4 月 28 日前，筹集到 5000 元才可成功。

（5）回报设置：依据支持金额的多少分等级提供若羌吊干红枣实物回报。支持 39 元，将获得参考价 49 元的若羌红枣 500g（250g × 2 袋）；支持 59 元，将获得参考价 89 元的若羌红枣 1000g（250g × 4 袋）+ 脆枣片 30g（15g 体验装 × 2 包），限量 100 份；支持 69 元，将获得参考价 89 元的若羌红枣 1000g（250g × 4 袋）+ 脆枣片 30g（15g 体验装 × 2 包）；支持 89 元，将获得参考价 99 元的若羌红枣礼盒装 1000g（500g × 2 盒）；支持 129 元，将获得参考价 159 元的若羌红枣 2000g（250g × 8 袋）+ 脆枣片 30g（15g 体验装 × 2 包）。

（6）推广、互动及联系方式：提供微信、新浪微博、QQ 空间、论坛、电话等方式。

（7）参与主体。本案例农产品众筹项目的参与主体（Participants）包括：项目发起人（组织）及其团队（苏州良知出手网络科技有限公司）P1、众筹平台（苏宁众筹平台农业众筹栏目）P2、项目支持人P3、合作及管理部门（江苏省苏州工业园区工商行政管理局、监管部门、物流公司等）P4。

（8）风险提示。第一，众筹并非商品交易，存在一定风险。第二，众筹平台仅提供平台网络空间及技术支持等中介服务，使用众筹平台产生的法律后果由发起人与支持者自行承担。第三，本项目必须在2018年4月28日之前达到5000元的目标才算成功，否则已经支持的订单将取消。订单取消或募集失败的，您支持的金额将从原支付路径退回。

案例4－5　你愿意为一支有机好玉米等待189天吗?

农产品众筹项目“你愿意为一支有机好玉米等待189天吗?”（https：//www.kaishiba.com/project/detail/id/7B50099B27E83611E050190AFD014008）发布在开始吧众筹平台上。案例描述：

（1）发起众筹项目的原因（众筹故事）：希望我们借这支玉米能够架起这样一个桥梁，我们在全国范围内能够找到对安全食材有需求的消费者，找到愿意用安全的食材作为自己销售品类的经营者，联合我们身边这些种植有机或者友善小农，我们搭起一条渠道，让吃的人吃得明明白白，种的人种得安安心心。

（2）项目特色：①发起人为土地付出26年，种植6000亩土地，研究玉米和肉苁蓉套种10年，摸索出最符合宁夏的地理气候、基地的种植方式的品种。②玉米产地地处北纬38度，世界黄金种植带，年日照时数3029.6小时，昼夜温差17～21℃，土壤ph值7.9，有机认证，非转基因，无化肥，无农残，无激素。③碧沙村玉米甜度达18.3℃，为普通玉米的2～2.6倍，1/3甜粒+2/3糯粒，一支玉米双重享受。④缩短种植源头和终端客户距离，建立16个前置仓，服务超8万用户，顾客好评率超过93%，顾客复购率达到70%，无理由退货，全售后服务。

（3）项目的发起及结果：由有26年种地经验的刘同宁，联合拥有创业经验的夏宁和李晶组成团队，在开始吧众筹平台农业众筹栏目发起农产品众筹项目“你愿意为一支有机好玉米等待189天吗?”。最终项目成功，得到405人的支持，筹资总额164463元，项目完成进度3289.26%。

（4）项目筹资目标金额：筹集到5000元才可成功。

（5）回报设置：依据支持金额的多少分等级提供碧沙村有机玉米实物回报。支持1元，将获得价值39.5元5支碧沙村有机玉米（约重1.2kg）（庆祝碧沙村基地成立26年！特放26个秒杀名额）；支持79元，将获得价值79元10支碧沙村有机玉米（约重2.5kg），开始吧专享加赠2支，共12支，1支约6.58元；该档位认购速度前20名未退款用户，可额外赠送碧沙村玉米5支（快手奖）；支持199元，将获得价值199元25支碧沙村有机玉米（约重6.25kg），开始吧专享加赠10支，共35支，1支约5.68元；您携带1人（共2人）于2019年4~10月参观碧沙村基地，享免费住宿一晚（需提前1个月和项目方预约）。玉米可分批次，分不同地址发货。该档位认购速度前20名未退款用户，可额外赠送碧沙村玉米5支（快手奖）；支持799元，将获得价值799元100支碧沙村有机玉米（约重25kg），开始吧专享加赠50支，共150支，1支约5.32元；价值360元苁蓉酒壹瓶（500ml）（2010年藏）；您携带4人（共5人）于2019年4~10月参观碧沙村基地，享免费住宿一晚（需提前1个月和项目方预约）。玉米可分批次，分不同地址发货。该档位认购速度前20名未退款用户，可额外赠送碧沙村玉米5支（快手奖）；支持20000元，成为碧沙村玉米线上代理人。代理费可全额抵扣货款（两年有效）；享受一件代发；特享碧沙村玉米产品7.5折进货价格体系；成功签约成为线上代理人，可享受公司基地的有机产品1000元的试吃活动；线上代理人转落地配城市代理人，可以享受价值3000元的基地样品；成功签约成为线上代理人，可以免费享受3年基地有机餐食宿一晚，也可以一次累加使用。

（6）推广、互动及联系方式：提供微信、新浪微博、电话等方式。

（7）参与主体。本案例农产品众筹项目的参与主体（participants）包括：项目发起人（组织）及其团队（由有26年种地经验的刘同宁，联合拥有创业经验的夏宁和李晶组成团队）P1、众筹平台（开始吧众筹平台农业众筹栏目）P2、项目支持人P3、合作及管理部门（有机产品认证管理部门、农残检测，糖精钠和甜蜜素和阿巴斯甜的检测部门、虫妈邻里团、车客家园、中国医学科学院药用植物研究所植保室技术专家、监管部门、物流公司等）P4。

（8）有风险提示。

三、农产品众筹项目关键成功因素实证研究

农产品众筹项目成功与否会受到多种因素的影响，本节通过对表4－1五个典型的农产品众筹项目的实际运作情况的深入研究，对促使其成功的关键因素进行归纳总结，以期得到的结论能对促进农产品众筹项目成功提供经验和启示。

（一）农产品众筹项目的农产品特色和项目特色因素分析

1. 农产品众筹项目的农产品特色因素分析

优质的农产品、特定的有经济价值的农产品是农产品众筹项目成功的关键。通过统计发现，基于特定的地理标志农产品、经济价值高

的农产品往往能够得到更好的市场反应，天然绿色纯人工种植的农产品，也能够得到较高关注，众筹成功率更高。国家地理保护标识产品和农产品质量证书是对农产品质量安全的认证，标志着产地生态环境和农产品质量良好。证书数量越多，农产品质量越好，支持人对众筹项目的支持意愿越大，表明农产品众筹项目成功的可能性越大。当农产品具有政府的有机认证，或发起人具有可以信赖的执照时，潜在支持人更相信该农产品的质量和安全。例如，在淘宝众筹发起的众筹项目“时令生鲜，丹棱丑橘不知火”，具有特殊产地地理环境优势，丹棱橙橘 2012 年被农业部授予“农产品地理保护标志”。在京东众筹发起的众筹项目“东北朝阳小米，给你营养早餐”，朝阳小米是“国家地理保护标识产品”。在众筹网发起的众筹项目“核桃的力量，农民的希望!”，众筹的核桃具有农业部“绿色食品证书”。在苏宁众筹发起的众筹项目“独一份！牛奶糖牙感的纯吊干红枣”，众筹的若羌红枣具有特殊产地地理环境优势。在开始吧众筹发起的众筹项目“你愿意为一支有机好玉米等待 189 天吗?”，众筹的有机玉米有有机产品认证证书，具有特殊产地地理环境优势。

品牌历来都是消费者认可的质量信号。在买方市场的今天，农产品的销售需要更多的从消费者心理出发，追求有特点、独一无二，农产品的品牌创新尤为重要。地理标志强调农产品的质量、声誉或其他特性本质与命名地自然因素、人文因素直接关联，反映了土壤、地势、气候、水质等自然生态环境对农产品品质形成的影响（张雅、孙晓辉，2016）。案例 4－1～案例 4－5 的农产品众筹项目具有诸如“丹棱丑橘”“朝阳小米”“让水缘核桃”“若羌红枣”“碧沙村玉米”都是优质品牌，这些品牌具有良好的农产品品质及内涵，借助于众筹平台、社交媒体等快速传播，最后都取得成功。

在农产品极大丰富的市场环境中，农产品众筹项目要想打动消费者，高品质的农产品已成为农产品众筹项目成功的重要基础，农产品的高品质已经成为打动消费者的首要卖点。例如，在淘宝众筹发起的众筹项目“时令生鲜，丹棱丑橘不知火”，强调了“丹棱丑橘不知火”的独特品质：产地得天独厚的地理条件。“丑橘不知火”产地位于四川丹棱。丹棱县具有气候温和，雨量充沛，四季分明，冬暖春早夏长，无霜期长，水热资源充沛等特点。“丹棱丑橘不知火”生长周期漫长，二月开花三月挂果，十月套袋越冬生长，暮春成熟，历时一年之久。是北纬30°的味觉奇迹，果肉清脆，酸甜适中，风味很独特，好吃不上火。在京东众筹发起的众筹项目“东北朝阳小米，给你营养早餐”，强调“朝阳小米”生长在杂粮之乡，朝阳四季分明、雨热同季、昼夜温差大、光照时间长，这些自然气候特征为生产优质杂粮提供了先天优势。独特的地理位置和气候条件，朝阳所产谷子蛋白质、氨基酸、维生素硒等含量高。朝阳是小米之乡，这里的小米色金黄，有光泽，米粒饱满，蒸煮熬皆宜。四至五月种植春谷，五至七月谷子生长，八至九月谷子成熟，九至十月收割谷子。在众筹网发起的众筹项目“核桃的力量，农民的希望!”，强调众筹的核桃产地自然资源丰富，气候条件适宜，良好的水、肥、光、热条件，为核桃生长提供了优越环境，而且受经纬度及土壤影响，核桃含油率高于全国其他产区的核桃。在苏宁众筹发起的众筹项目“独一份！牛奶糖牙感的纯吊干红枣”，强调众筹的红枣产地若羌具有特殊的地理环境和气候，产出的若羌红枣皮薄、肉厚、核小、甜度高。为了实现“牛奶糖”的品质，保留了一贯的戈壁滩原生态种植方式，吊干时间足够长。通过数轮与当地政府和民间红枣专家联合盲选出坚守若羌红枣最后品质的老郑家红枣品种。在开始吧众筹发起的众筹项目“你愿意为一支有机好玉米等待189天吗?”，发起人为土地付出26年，种植6000亩土地，研究玉米和肉苁蓉套种10年，摸索出最符合宁夏的地理气候，基地的种植方式的品种。地处北纬38度，世界黄金种植带，年日照时数3029.6小时，昼夜温差17～21℃，土壤ph值7.9，有机认证，非转基因，无化肥，无农残，无激素。碧沙村玉米甜度达18.3℃，为普通玉米的2～2.6倍，1/3甜粒+2/3糯粒，一支玉米双重享受。

2. 农产品众筹项目的项目特色因素分析

农产品众筹成功的项目有其独特性，因为在无实物的状态下，哪个项目更具有创意，更为新奇独特，就更容易获得青睐，从而引起人们的参与意愿，筹集到足够的资金。农产品众筹项目成功的前提是项目应具有一定的特色。众筹项目方案要紧扣主题、创意突出，这样才有助于众筹项目的成功。案例4－1～案例4－5的项目发起人及其团队在实地调研的基础上，通过总结经验，精心设计了合理的项目指标。从目标金额、回报设置、推广、互动及联系方式等方面精心策划，设计了成熟可行、内容详实的项目；对资金用途和项目发起的意义做出了清晰的解释。在项目设计方面图文并茂：有详实的文字说明，并配有图片展示，有的项目有视频说明。

合理设置众筹项目目标筹资金额。众筹项目目标筹资金额不仅要符合项目需求，而且要符合市场对项目发展趋势的理性预判，五个众筹项目的目标筹资金额分别为5000元和50000元，设计都比较合适，比较科学地计算了众筹项目自身的资金需求，也在一定程度上显示了众筹项目的发展潜力。项目筹资期限长短，从支持人参与众筹项目的心理角度考虑，投资是为了获得回报，回报对于支持人当然是越快得到越好。所以，筹资期限的长短会影响众筹项目的成功。但案例4－1～案例4－5都是农产品众筹项目，由于农产品生长周期较长，所以案例4－1～案例4－5的筹资期限也较长，大约半年至一年。

在众筹项目回报方面：案例4－1～案例4－5依据支持金额的多少，分等级设置了农产品实物回报。如案例4－1依据果径大小分为30元2.5kg、40元2.5kg、50元2.5kg不等的三个等级的不知火丑橘回报。案例4－2依据重量分为2.5kg、5kg、10kg、15kg不等的四个等级的朝阳小米回报。案例4－3依据核桃的等级和重量分为精选二级核桃0.5kg、精选特级核桃1kg、精选一级精品核桃一箱（3kg装）

不等的三个等级核桃回报，值得注意的是，本众筹项目兼顾扶贫业务，设置了无私奉献等级，无私支持15人。案例4-4依据重量分为39元500g（250g×2袋）、59元1kg（250g×4袋）+脆枣片30g（15g体验装×2包），限量100份、69元1kg（250g×4袋）+脆枣片30g（15g体验装×2包）；89元礼盒装1kg（500g×2盒）；129元2kg（250g×8袋）+脆枣片30g（15g体验装×2包）不等的五个等级的若羌红枣回报。案例4-5依据重量分为1.2kg、2.5kg、6.25kg、25kg不等的四个等级的碧沙村玉米回报，不同等级还有加赠、快手奖业务赠送一定数量的碧沙村玉米，另外支持20000元可成为碧沙村玉米线上代理人，享受6个方面的其他待遇。

项目发起人（组织）的社会声誉、知名度高、管理能力强有助于众筹项目成功。支持人更愿意选择团体或者公司发起的农产品众筹项目。如案例4-1由成都南艺文化传播有限公司联合大雅农业发起，打造西部生鲜众筹精品。案例4-2由朝阳农品旗舰店（辽宁朝阳农品农业科技发展有限公司）发起。案例4-3由刘家坪乡电商团队发起。案例4-4由苏州良知出手网络科技有限公司发起。案例4-5由有26年种地经验的刘同宁，联合拥有创业经验的夏宁和李晶组成团队发起。

一个具有良好的社会声誉的众筹项目发起平台可以更好地促使项目成功。案例4-1~案例4-5在淘宝众筹、京东众筹、众筹网、苏宁众筹、开始吧众筹平台发起，这些主流综合型众筹平台是发起农产品众筹项目的最佳渠道。

农产品众筹项目应用图片与视频有助于项目成功。图片与视频能较好地反映众筹农产品的信息，图片越多，越能从更多的方面反映众筹农产品的细节，就更能获得消费者的青睐，有助于众筹项目的成功。案例4-1~案例4-5都应用了大量图片展示农产品的产品特点、生长情况、地域情况和各种认证，案例4-2东北朝阳小米，给你营养早餐，应用视频说明朝阳小米的特点。

众筹故事包括农产品故事、发起人经历等。农耕文化与农产品的结合赋予农产品更多的乡土风情与历史文化，农产品众筹项目对众筹故事叙述越详细，向消费者传递的众筹项目和发起人信息越清晰，越能有效减少众筹项目运作过程中的信息不对称，增进消费者对众筹项目和发起人的信任感，进而有效提高农产品众筹项目筹资绩效。案例4-1的众筹故事：两代果农，一直以种植“不知火”为生。我们这一代在众多朋友的支持下，做了上一代果农不敢想不敢做的事情：借助互联网，让更多的人品尝到这里的美味。如果也对这份味道充满期待，欢迎加入我们的众筹之中。我们承诺，新鲜带叶现采现发，让大家第一时间感受这时令美味。案例4-2的众筹故事：为什么众筹？让农户不再担心粮食卖不出去。朝阳县的农户每年的主要农作物就是小米，每到这个丰收的季节，原本是一件很高兴的事情，但对于农户来说却为找不到销售渠道而发愁，由于朝阳县四面环山，交通不便，导致农户辛苦种植的农作物走不出去。为了提高朝阳县农户的收入，改变贫困户的现状，我们来做绿色农产品的搬运工，帮助朴实的农户把正宗的朝阳小米送到全国，带动地方农业产业的发展。案例4-3的众筹故事：我叫高海英，和安碧伟同为刘家坪乡的大学生村官，我们分别在建档立卡贫困村关头村、关口村任职。在基层工作的我们深知农民的疾苦，在这里有这样一群人，他们生活贫困，收入仅靠点种植和林果，每户人都有自家的核桃园、核桃树，但是这里交通不便，很难将核桃卖出去，更不可能有称心的收入。在农户经济收入当中，核桃收入占据很重要的地位，为了打破传统的一对一低价收购模式，当地合作社到户收购，集中加工，对核桃精心筛选，提高农产品的附加值，解决农户手中核桃销售不出去的问题。我们希望通过借助众筹平台，为他们出一点点力，帮助他们变核桃为资金，提高收入，早日增收致富。案例4-4的众筹故事：职业枣农大批涌入若羌，化肥、农药、膨大剂一用，枣子又大又好看产量又高还便宜，于是离开若羌枣地的枣农越来越多，剩下的枣农完全不是这些外来户的对手。若羌红枣越来越少。为此从 2016 年开始，6 次入疆，耗时 5 个月，行程上千公里，从茫茫戈壁中找到了 5 家优质枣，发布众筹项目。案例 4 –5的众筹故事：希望我们借这支玉米能够架起这样一个桥梁，我们在全国范围内能够找到对安全食材有需求的消费者，找到愿意用安全的食材作为自己销售品类的经营者，联合我们身边这些种植有机作物或者友善小农，我们搭起一条渠道，让吃的人吃得明明白白，种的人种得安安心心。

（二）农产品众筹项目运作管理因素分析

1. 建立众筹平台市场准入制度和众筹平台严格的项目审核机制

（1）建立众筹平台市场准入制度

作为农产品众筹项目的居间方，众筹平台承担了过多的审查、评估、协调、监管、拨款等责任，因此需要建立农产品众筹平台市场准入制度，通过有关部门审核的众筹平台才有发布农产品众筹项目的资质，这样可以从根本上遏制非法众筹平台通过农产品众筹项目进行集资诈骗活动。相关职能部门的严格监管是农产品众筹项目成功的制度保证。案例 4 –1 ~案例 4 –5 的农产品众筹项目的发起平台（淘宝众筹、京东众筹、众筹网、苏宁众筹、开始吧众筹）是通过相关法律法规审核的、具有农产品众筹项目发布资质的平台。

（2）众筹平台严格的项目审核机制

众筹平台建立严格的项目审核机制从多方面审核农产品众筹项目。首先，众筹平台需审核项目发起人的条件、众筹项目内容的合法合规性；其次，众筹项目都会强调创新性，所以只有具有创新性的项目才能通过众筹平台的审核；最后，众筹平台需审核项目发起的意义、筹资金额和用途、项目设计（图片、视频、文字说明等）、回报设置、运作团队等细节情况，确保众筹项目内容完整、可执行和有价值。

为了确保农产品众筹项目信息的真实性和完整性，也为了降低信息不对称的风险，降低发起人采取道德风险策略的动机，众筹平台作为支持人权利的保护者和众筹项目的监管者，要求发起人提供一系列的信用证明，如营业执照、资质证明等。众筹平台需要审核案例4-1~案例4-5的农产品众筹项目发起人（团队）的资质及项目信息，并监督众筹项目运作的全过程，提高消费者参与农产品众筹项目的意愿。如果项目在运作过程中出现问题，众筹平台会积极参与协调解决。农产品众筹项目作为互联网金融的典型模式，其在整个运作过程中会受到相关职能部门的监管。

2. 农产品众筹项目运作中的宣传推广、沟通交流因素

信息技术的快速发展和广泛应用为农产品众筹带来机会，各类新兴媒体技术如微信、QQ（空间）、微博、论坛、人人网和豆瓣等的应用，突破了时空限制，加快了对农产品众筹项目的宣传、推广，促进了参与主体之间的沟通、交流，有助于社会诚信体系的逐步建立，使信息沟通愈加便捷，信息更加透明，为破解众筹模式信息不对称、信息滞后、信息不完备等问题起到关键作用，可有效促进农产品众筹项目成功。

农产品众筹项目发起人及其团队通过应用新兴信息技术对项目积极开展宣传、推广以有效扩大项目传播、受众范围。众筹项目发布后，发起人及其团队充分利用社交媒体信息交互性强的特点，号召朋友圈的好友关注和支持，促使项目信息快速传播给公众，借助公众的社会网络，有效地宣传、推广农产品众筹项目。通过众筹平台的论坛、微博、微信、QQ（空间）、人人网和豆瓣等媒体推荐，结合项目需要开展多种形式的宣传、推广活动。设法提高农产品众筹项目的媒体曝光率，充分利用主要门户网站（如腾讯、搜狐）、新兴网络媒体、论坛等对农产品众筹项目进行更大范围的宣传、推广。

依托信息技术尤其是社交媒体技术，使农产品众筹项目运作过程

透明化和众筹绩效公开化是其成功的基础和重要保证。应用信息技术可以更加便捷和及时地获得支持人的反馈信息，形成对农产品众筹项目的外部监督。发起人（团队）及时在农产品众筹平台上公布、更新各项指标数据、向支持人反馈众筹项目进展情况。充分应用信息技术强化农产品众筹项目运作后期的信息披露。项目结束后，筹资的使用情况、回报的执行情况等信息也及时公布。

农产品众筹项目各参与主体之间通过网络信息技术更加畅通和方便地沟通交流，充分抑制公众对众筹项目信息的不确定性，在一定程度上消除双方的信息不对称。农产品众筹项目进行过程中，支持人借助社交媒体与发起人互动，咨询众筹项目有关内容，有效加强支持人的参与体验，有效提高消费者的参与度。消费者通过众筹平台上项目筹资页面的评论、进展等板块表达对项目的关注，进而有效促进众筹项目成功。案例4－1～案例4－5的项目中，支持人通过众筹平台上项目筹资页面的评论、进展等板块表达对项目的关注和看法。众筹项目进行过程中，项目团队通过微信、QQ空间、新浪微博、腾讯微博、人人网、豆瓣等社交媒体分享众筹项目信息。项目支持人借助众筹平台论坛、微信等社交媒体与项目发起人互动，提出项目的建议或者质疑等；支持人之间也可通过社交媒体互动，分享经验，商议对众筹项目的支持意愿及支持金额等（鞠彦辉、许燕、伞晓丽，2018）。

农产品众筹项目评论数是对众筹项目的补充描述，能从支持人的视角反映农产品众筹项目运作情况，对后续众筹项目参与者有直接的导向、参考作用。支持人的评论对众筹项目起舆论监督作用，有利于众筹项目发起人根据支持人的评论采取积极措施改进农产品众筹项目。农产品众筹项目的评论人数越多，对消费者的吸引力越大，消费者可以根据评论信息进行判断，增加对项目的了解。对农产品众筹项目的好评越多，众筹项目成功的可能性就越大。案例4－2～案例4－4在众筹平台上有支持人的评论，这些评论对于改进众筹项目、促进众筹项目成功起积极作用。

3. 农产品众筹项目流程管理因素

农产品众筹项目流程管理因素包括运作信息更新、信息披露、信息反馈，风险控制，财务公开等方面。农产品众筹项目潜在支持人客观上会要求众筹项目发起人对众筹项目运作信息及时更新和披露。在农产品众筹项目运作过程中，众筹项目发起人对项目进展情况的信息更新是减少支持人对于信息不对称顾虑的重要方式，通过对众筹项目运作信息的及时动态更新，支持人可以增加对众筹项目运作情况的了解，增强对众筹项目按期完成的信心，能有效降低信息不对称的负面影响，有助于农产品众筹项目的成功。案例 4 - 1 ~ 案例 4 - 5 的农产品众筹项目发起人非常重视对众筹项目进展情况的及时更新，通过众筹平台、社交媒体及时披露、反馈和更新众筹项目运作信息，同时及时改进众筹项目的不足，以提高消费者的参与意愿，助力农产品众筹项目筹资成功。案例 4 - 4 独一份！牛奶糖牙感的纯吊干红枣，在苏宁众筹平台公布了项目进度：2016 年 7 ~ 9 月，6 次入疆，行程上千公里调研对比；2017 年 10 月，新枣成熟；2017 年 12 月，采摘分选；2018 年 3 月，登录苏宁众筹。案例 4 - 5 你愿意为一支有机好玉米等待 189 天吗？参与这次预售的客户，在以下玉米种植的节点，可以从全时段视频、图片、文字见证碧沙村有机玉米如何在 189 天里无化学干预自然生长的过程：1 月 1 日到 3 月 20 日前要将羊粪、玉米秸秆和杂草的叶子进行发酵；将种子、育苗的苗盘、基质土准备好；3 月 20 日开始在温棚内用穴盘进行育苗；3 月 27 日出苗；4 月 20 日可以长到三叶一心进行大地移栽；5 月 5 日可移栽的玉米苗长到九片叶，进入拔节期；5 月 20 日玉米生长进入孕穗期，这时玉米可以长到十四片叶子；6 月 5 日玉米进入开花，抽丝授粉时间；6 月 30 日进入采收期；7 月 1 日采收。完成蒸煮速冻；7 月 3 日加工包装，15 日左右送达客户。

农产品众筹项目还面临着法律、信用、市场等一系列风险问题。

在风险控制方面，案例4－1～案例4－5做得很规范，在众筹平台上有详细的风险说明、风险提示。在财务公开方面，案例4－2、案例4－3都公开了详细的财务数据，众筹平台定期对筹集到的资金的使用情况进行跟进调查，并向支持人提供详细的筹资的使用情况。案例4－2东北朝阳小米，给你营养早餐，说明了筹资用途：筹资的70%用于支付贫困户粮食费用，筹资的30%用于支付农户种植、加工、包装、运费。案例4－3核桃的力量，农民的希望！说明了筹资用途：筹资的60%用于支付核桃收购费用交到农户手中，30%用于合作社对核桃去皮、清洗、挑拣、包装等费用，另外10%用于支付快递费用。

（三）多方社会资源合作因素分析

通过社会大众消费者、众筹平台、政府管理部门、其他主体部门四位一体的模式整合和利用多方社会资源，为农产品众筹项目的顺利进行建立一个良好的众筹生态圈，建立农产品众筹可持续发展的长效机制。农产品众筹项目是多个主体参与的价值共创行为，需要多个主体、多方社会资源的合作才能成功，这些社会资源包括：发起人及其团队的社会资本、众筹项目团队合作水平、其他合作部门的积极参与等。依托农产品众筹平台实现用较低的社会成本整合利用最大范围的社会力量、社会资源，进行资源匹配与重组，达到资源利用的帕累托最优，从而实现农产品众筹项目发起人、支持人、众筹平台三方共赢、价值共创（鞠彦辉、许燕、胡庆功，2018）。合作机制包括加强农产品众筹项目内部团队建设及协作、加强多部门合作和充分利用外部社会资本三方面。

1. 加强农产品众筹项目内部团队建设及协作

建设专业的、经验丰富的、拥有广泛社会美誉度的且值得信赖的农产品众筹项目团队，促使项目团队向专业化方向发展，逐步提高团队管理、运作农产品众筹项目的能力，形成团队理念、组织形式、运作机制，促进线上、线下团队有效协作。按照事先设定的众筹项目目标激励团队成员发挥各自优势、分工合作，努力促使众筹项目成功。案例4－1～案例4－5的农产品众筹项目运营团队可以分为线上和线下两个部分。其中线上运营团队主要负责农产品众筹项目的创意策划、审核评估、线上宣传及推广、疑问解答、平台建设和管理等工作。线下运营团队主要负责调查消费者对农产品的真实需求，协调项目进展，参与各种线下宣传、推广及运营活动等。

2. 加强多部门合作

在与其他部门合作方面，案例4－1的项目由成都南艺文化传播有限公司联合大雅农业发起，果农积极参与；案例4－2的项目由朝阳农品旗舰店（辽宁朝阳农品农业科技发展有限公司）发起，有地方政府扶持：为了让大家吃到正宗的朝阳小米，众筹项目得到了朝阳县政府的支持。案例4－3由刘家坪乡电商团队发起，大学生村官积极参与。刘家坪乡实行以贫困户与合作社对接，通过电商扶贫方式运营众筹项目。案例4－4由苏州良知出手网络科技有限公司发起。通过数轮与当地政府和民间红枣专家联合盲选出坚守若羌红枣最后品质的老郑家红枣品种。案例4－5由团队发起，团队成员包括有26年种地经验的刘同宁，联合拥有创业经验的夏宁和李晶。有机产品认证管理部门、农残检测，糖精钠和甜蜜素和阿巴斯甜的检测部门、虫妈邻里团、车客家园、中国医学科学院药用植物研究所植保室技术专家、监管部门积极参与。物流公司也积极参与到案例4－1～案例4－5的众筹项目当中。

3. 充分利用外部社会资本

研究表明社会资本对农产品众筹项目成功有很大影响。第一，社会资本可减少支持人对农产品众筹项目信息的部分不确定性。第二，农产品众筹项目发起人的社会资本往往促进形成支持人的核心资源。第三，支持人的社会资本扩展马太效应的价值，部分支持人有可能成为农产品众筹项目的宣传者，这有助于加快众筹项目筹资进程。案例4－1～案例4－5的农产品众筹项目积极利用发起人、支持人的社会资本宣传推广众筹项目，社会资本对众筹项目成功产生重要影响。具体表现为众筹项目的初期筹资主要依靠核心社会关系成员。众筹项目发布后，由众筹平台上产生的新的网络关系也能促进项目的成功。团体发起人具有更丰富的社会资本，其发起的项目成功率高于个体发起的项目。在案例4－2和案例4－3的实践中，地方政府借助扶贫行政支持体系来拓展发起人的社会网络关系，成功地完成了农产品众筹项目。案例4－5你愿意为一支有机好玉米等待189天吗？经销商虫妈邻里团的夏宁总，车客家园的李晶总，两位对基地的关注和帮助远远超过了供销关系所能承载的重量。

四、本章小结

本章从农产品众筹项目的农产品特色和项目特色因素、农产品众筹项目运作管理因素和多方社会资源合作因素三大方面分析了农产品众筹项目关键成功因素。其中农产品众筹项目运作管理因素细分为建立众筹平台市场准入制度和众筹平台严格的项目审核机制、农产品众筹项目运作中的宣传推广、沟通交流因素和农产品众筹项目流程管理因素三个方面。多方社会资源合作因素包括加强农产品众筹项目内部团队建设及协作、加强多部门合作和充分利用外部社会资本三个方面。

第五章 农产品众筹项目的 SWOT分析

现有对农产品众筹项目 SWOT 的研究较少，因此，本书基于综合分析的视角，选取主要的众筹网站上典型的农产品众筹项目，应用 SWOT 方法对影响农产品众筹项目的内外部情况进行全面、系统、准确的分析。

一、研究框架

本书以项目管理理论和 SWOT 分析法为理论为基础，分析农产品众筹项目的 SWOT，研究框架如图 5 – 1 所示。

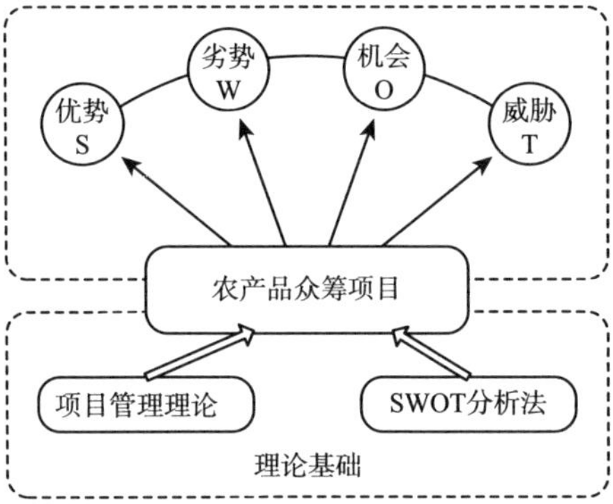

图 5 – 1　研究框架

项目是指需要按照一定顺序，在固定预算内按时完成以达到特定目标的一系列任务。项目管理涉及与计划、组织、进度制定、控制以及领导相关的所有活动，以确保项目各项任务的完成并达到预期目标。农产品众筹项目运作具有项目管理具有的独特性、开放性、复杂性和依赖性、生命周期等特点，因此可以应用项目管理理论分析农产品众筹项目的特点和运作。

SWOT 分析法是战略规划的典型方法，根据农产品众筹项目本身的内在条件，结合外部环境，用系统的思想把各种因素相互匹配起来综合分析农产品众筹项目的优势（strength）、劣势（weakness）、机会（opportunity）和威胁（threat）四个方面的情况，找出问题以制定发展策略。其中S、W代表内部条件，O、T是外部因素。

二、案例选取和数据收集

遵循典型性原则，本节选取主要的众筹网站（淘宝众筹、京东众筹、众筹网、苏宁众筹、开始吧众筹）上发布的五个农产品众筹项目作为研究案例。用于进行分析的五个案例的资料和数据主要来源于以上众筹平台上发布的五个农产品众筹项目信息；还有就是收集网站、论坛、微博或其他媒体发布、转载的五个案例的相关信息。收集的五个案例的细节数据如下：

案例5－1　野生手剥山核桃，粒大皮薄肉多，满齿留香，补脑神器

农产品众筹项目“野生手剥山核桃，粒大皮薄肉多，满齿留香，补脑神器”（https：//izhongchou. taobao. com/dreamdetail. htm？spm = a215p. 128754. 653087. 22. 18bb4ed6oymyZN&id = 20070247）发布在淘宝众筹平台上。案例描述：

（1）项目特色：得天独厚的好山好水，孕育出的山核桃自然是优良品质的。粒大饱满，清新果香令人垂涎。新鲜制作，果形圆润、颗粒分明。色泽自然，果仁厚实饱满，诱人果香令人食欲大增。肉质松脆细腻、有滋有味。传承手艺，多道工序细心筛选。

（2）项目的发起及结果：“野生山核桃”在淘宝众筹平台食品众筹栏目发起农产品众筹项目“野生手剥山核桃，粒大皮薄肉多，满齿留香，补脑神器”。最终项目成功，得到11554人的支持，筹资总额823477元，项目完成进度8234%。

（3）项目筹资期限及金额：须在2017年11月18日前，筹集到

10000元才可成功。

（4）回报设置：依据支持金额的多少分等级提供野生特好剥山核桃实物回报。支持49元，将获得野生特好剥山核桃大籽椒盐味250g，买3份送同款1份或支持49元，将获得野生特好剥山核桃大籽奶油味250g，买3份送同款1份；支持59元，将获得野生特好剥大籽山核桃碳烤黑珍珠250g，买3份送同款1份；支持85元，将获得野生大籽山核桃奶油味250g+椒盐味250g；支持99元，将获得野生原味山核桃仁220g；支持118元，将获得野生大籽特好剥山核桃奶油味250g+椒盐味250g+碳烤黑珍珠250g。

（5）推广、互动及联系方式：提供阿里旺旺、淘宝账号、新浪微博、人人网、豆瓣等方式。

（6）参与主体。本案例农产品众筹项目的参与主体（Participants）包括：项目发起人（组织）及其团队P1、众筹平台（淘宝众筹食品众筹栏目）P2、项目支持人P3、合作及管理部门（监管部门、安徽省黄山市歙县三阳村民、物流公司等）P4。

（7）风险提示。第一，众筹并非商品交易，项目存在一定风险，如项目筹款成功但发放回报出现问题，您可申请退款退回支持金额中的尾款部分，而首笔款部分由于已被项目组织者使用，您可能会承担首笔款无法退回的损失。后期如对项目组织者的处理仍有疑问，可申请淘宝客服介入。第二，请在支持项目后15分钟内付款，否则您的支持请求会被自动关闭。第三，本页面统计的项目总支持人数和总支持金额存在一定的延迟，以单个回报详情为准。

案例5-2　栗志走出大山的镇安板栗

农产品众筹项目“栗志走出大山的镇安板栗”（http://z.jd.com/project/details/108100.html?from=jr_search&type=0）发布在京东众筹平台上。案例描述：

（1）发起众筹项目的原因（众筹故事）：对于生于农村、长于农村的我们，每一个人都有一个家乡情怀，希望我们的家乡也能繁荣。对于本身就是一名大学生村官的我来说，帮助当地百姓增收致富，不仅是我们的责任，也是我们的心愿。于是，我们想通过众筹的方式，通过大家的共同努力，推介并销售镇安板栗，将镇安板栗推向全国知晓。无论结果如何，凭着这份信仰去做事，这就是我们回报家乡的最简单的方式。

（2）项目特色：陕西镇安，“中国板栗之乡”，这里位于秦岭腹地，自然条件优越，森林覆盖率达到67%，可谓山水风景如画。这里生态良好，植被繁茂，有“天然氧吧”之誉。优越的自然条件为板栗的生长提供极好的环境，再加之生长于海拔1000米~1500米的半坡黑色土壤中，坡度为60度以上的山坡，不喷洒农药、不使用化肥，保证了镇安板栗健康自然的品质。镇安昼夜温差大，产生的自然物理积温紧缩栗香，使得果实颗粒饱满，个大色润，外表呈棕红色，甚是好看，生吃甜脆可口，熟吃软糯香甜，让人回味无穷。

（3）项目的发起及结果：来自秦岭山区的一名大学生村官高翰轩、镇安县洛青园电子商务有限公司，在京东众筹美食市集栏目发起农产品众筹项目“栗志走出大山的镇安板栗”。最终项目成功得到883人的支持，筹资总额38158元，项目完成进度382%。

（4）项目筹资期限及金额：须在2018年12月29日前筹集到10000元才可成功。

（5）回报设置：依据支持金额的多少分等级提供镇安板栗实物回报。支持29元，将获得价值45元的镇安板栗3斤；支持46元，将获得价值75元的镇安板栗5斤；支持89元，将获得价值150元的镇安板栗5kg。

（6）推广、互动及联系方式：提供微信、新浪微博、腾讯微博、QQ空间、论坛、豆瓣、人人网等方式。

（7）参与主体。本案例农产品众筹项目的参与主体（participants）包括：项目发起人（组织）及其团队（大学生村官高翰轩、镇安县洛青园电子商务有限公司）P1、众筹平台（京东众筹美食市集栏目）P2、项目支持人 P3、合作及管理部门（镇安板栗产业协会、镇安县电子商务工作领导小组、监管部门、物流公司等）P4。

（8）风险说明。第一，众筹不是商品交易。支持者根据自己的判断选择、支持众筹项目，众筹存在一定风险。第二，京东众筹平台只提供平台网络空间、技术服务和支持等中介服务，使用京东众筹平台产生的法律后果由发起人与支持者自行承担。第三，众筹项目的回报发放、发票开具及其他后续服务事项均由发起人负责。如果发生发起人无法发放回报、延迟发放回报、不提供回报后续服务等情形，您需要直接和发起人协商解决，京东对此不承担任何责任。第四，众筹期限届满前失败或募集失败的，您支持的款项会全部原路退还给您；其他情况下，您需要直接和发起人协商解决，京东对此不承担任何责任。第五，支持纯抽奖档位、无私支持档位及公益众筹项目档位，一旦支付成功将不予退款，众筹失败的除外。

案例 5－3　让野生猕猴桃走出大山——武都区五马乡西山村第一书记众筹

农产品众筹项目“让野生猕猴桃走出大山——武都区五马乡西山村第一书记众筹”（http：//www. zhongchou. cn/deal－show/id－549853）发布在众筹网平台上。案例描述：

（1）发起众筹项目的原因（众筹故事）：我叫张赟，2016 年 7 月我被派驻到陇南市武都区五马乡西山村担任第一书记。自从任职以来，每次踏进西山村，我的脑海里总是浮现出这样的问题：如何让他们尽快脱贫？怎么帮扶他们过上更好的生活？作为西山村第一书记的我深深感到自己身上这份沉甸甸的责任！希望通过此次众筹项目，发挥市旅游局驻村帮扶工作队、五马乡政府领导干部和村两委班子的共同力量，成立了专业的合作社来负责产品运作，鼓励贫困户积极进山采摘，以高于市场价数倍的价格进行收购，把这片美丽乡村里的优质农特产品销售出去，期待得到大家的支持。野生猕猴桃，我们希望它是打开贫困枷锁的一把钥匙，也希望通过网络众筹能够让更多的人直观和实时的了解到产品的情况，并尽己所能参与到电商扶贫当中来。

（2）项目特色：众筹的农产品野生猕猴桃质量具有特殊产地地理环境优势。西山村的野生猕猴桃，果实细嫩多汁，清香鲜美，酸甜宜人，可以抗氧化抗衰老，生长在大山深处，纯野生环境生长，没有农药，没有化肥，没有膨大剂，老少皆宜，是非常适合老人儿童孕妇吃的水果。

（3）项目的发起及结果：发起人张赟在众筹网农业众筹栏目发起农产品众筹项目“让野生猕猴桃走出大山——武都区五马乡西山村第一书记众筹”。最终项目成功，得到 174 人的支持，筹资总额 6445 元，达成预定目标的 645%。

（4）回报设置：依据支持金额的多少分等级提供野生猕猴桃实物回报。支持 5 元，众筹成功结束后，每满 10 人，由众筹网官方抽出 1 名幸运用户获得野生猕猴桃一箱（不满 10 人，按 10 人抽取）；支持 35 元，将获得 5 斤装精选野生猕猴桃一箱；支持 100 元，将获得 5 斤装精选野生猕猴桃三箱。

（5）推广、互动及联系方式：提供微信、QQ 空间、新浪微博、论坛、电话等方式。

（6）参与主体。本案例农产品众筹项目的参与主体（participants）包括：项目发起人（组织）及其团队（张赟）P1、众筹平台（众筹网农业众筹栏目）P2、项目支持人 P3、合作及管理部门（陇南市旅游局驻村帮扶工作队、五马乡政府领导干部和村两委班子、陇南市武都区五马西山种植农民专业合作社、监管部门、物流公司等）P4。

（7）风险说明。第一，众筹不是商品交易，众筹存在一定风险。第二，众筹网平台只提供平台网络空间、技术服务和支持等中介服务，使用众筹平台产生的法律后果由发起人与支持者自行承担。第三，众筹项目的回报发放、发票开具及其他后续服务事项均由发起人负责。如果发生发起人无法发放回报、延迟发放回报、不提供回报后续服务等情形，您需要直接和发起人协商解决，众筹网对此不承担任何责任。第四，众筹期限内未达到目标筹资额失败的项目，您支持的款项会全部原路退还给您；其他情况下，您需要直接和发起人协商解决，众筹网对此不承担任何责任。第五，支持纯抽奖档位、无私支持档位，一旦支付成功将不予退款，众筹失败的除外。

案例5-4　为家乡谋福利，我们时刻进行着——秭归脐橙

农产品众筹项目“为家乡谋福利，我们时刻进行着——秭归脐橙”（https：//zc. suning. com/project/detail. htm？ projectId = 17182）发布在苏宁众筹平台上。案例描述：

（1）发起众筹项目的原因（众筹故事）：秭归当地村民大多靠栽种水稻、花生等农作物为生，一半以上生活在贫困线下。后来有农科院的专家在秭归蹲点研究，才使秭归“一年四季有鲜橙”。即便这样，因为交通困难，也很难销售出去。山下的物资运不上来，山上的农产品运不下去，更谈不上发展产业。近年来，政府大力发展农村电商，通过电商平台将秭归的特产卖出去，大大增加了果农收入。我们希望通过此次众筹，让刚从树上摘下来的新鲜水果直接送到您的手中。为果农去除中间环节，提高种植收入，也为更多农产品打开一条稳定的销路。

（2）项目特色：秭归脐橙具有特殊产地地理环境优势，不打蜡，不催熟，不打甜蜜素。青皮即熟，果肉金黄，鲜嫩多汁，酸甜可口。

（3）项目的发起及结果：宜昌一苇电商科技有限公司，在苏宁众筹平台农业众筹栏目发起农产品众筹项目“为家乡谋福利，我们时刻进行着——秭归脐橙”。最终项目成功，得到1703人的支持，筹资总额68097元，项目完成进度340%。

（4）项目筹资期限及金额：须在 2017 年 11 月 13 日前，筹集到 20000 元才可成功。

（5）回报设置：依据支持金额的多少分等级提供秭归脐橙实物回报。支持 39 元，将获得参考价 49 元的秭归脐橙——九月红果径为 60～70mm 的玲珑果（5 斤装）一箱；支持 49 元，将获得参考价 59 元的秭归脐橙——九月红果径为 70～80mm 的精品果（5 斤装）一箱；支持 79 元，将获得参考价 99 元的秭归脐橙——九月红果径为 70～80mm 的精品果（9 斤装）一箱。

（6）推广、互动及联系方式：提供微信、新浪微博、QQ 空间、论坛、电话等方式。

（7）参与主体。本案例农产品众筹项目的参与主体（participants）包括：项目发起人（组织）及其团队（宜昌一苇电商科技有限公司）P1、众筹平台（苏宁众筹平台农业众筹栏目）P2、项目支持人 P3、合作及管理部门（三峡食品药品检验检测中心、秭归县经济商务和信息化局、监管部门、物流公司等）P4。

（8）风险提示。第一，众筹并非商品交易，存在一定风险。第二，众筹平台仅提供平台网络空间及技术支持等中介服务，使用众筹平台产生的法律后果由发起人与支持者自行承担。第三，本项目必须在 2017 年 11 月 13 日之前达到 20000 元的目标筹集金额才算成功，否则已经支持的订单将取消。订单取消或募集失败的，您支持的金额将按原支付路径退回。

案例 5－5　来自洁净之地的天然原花青素之王，泡一杯野生黑枸杞，留住时光

农产品众筹项目“来自洁净之地的天然原花青素之王，泡一杯野生黑枸杞，留住时光”（https：//www. kaishiba. com/project/detail/id/7A87F1D8CAFF1802E050190AFD01101C）发布在开始吧众筹平台

上。案例描述：

（1）发起众筹项目的原因（众筹故事）：此次登陆“开始吧”众筹平台，我们希望能借此机会，让大家了解到大漠深处蕴藏的宝藏——罗布人长寿的秘密，了解什么是黑枸杞、什么是好黑枸杞。但更多地，我们希望争取时间，让环保的速度超过沙漠扩张的速度。要做的事情太多了，加快研发、新建仓库确保发货速度、扩大保护区面积、农户培训、环保知识宣传、对外推广交流……都需要资金的保证。1株茂盛的野生黑枸杞能守住1平方米的土地不被沙化。如果说，在严寒酷暑中生长拥有超强抗氧化能力的“大漠罗布村黑枸杞”是生命的奇迹，那么，素未谋面的您用众筹支持我们的项目，和我们一起在塔克拉玛干沙漠边竖起一道生态屏障，那是远隔千山万水用爱心创造的奇迹！我们愿把最好的野生无污染黑枸杞带给您，用满满的原花青素带去我们最诚挚的感谢！

（2）项目特色：黑枸杞产自“西域太阳城”新疆巴州尉犁县，黑枸杞核心原产区，方圆80公里无工业污染，拥有天然12000亩“大漠罗布村”培育基地。富含人体天然抗氧化剂——原花青素，含量约为蓝莓的11倍，草莓的220倍。

（3）项目的发起及结果：由发起人&产品品控负责人冯小龙，首席技术指导秦垦和品牌运营总监芦杨组成团队，在开始吧众筹平台农业众筹栏目发起农产品众筹项目“来自洁净之地的天然原花青素之王，泡一杯野生黑枸杞，留住时光”。最终项目成功，得到191人的支持，筹资总额76096元，项目完成进度7609.6%。

（4）项目筹资目标金额：筹集到1000元才可成功。

（5）回报设置：依据支持金额的多少分等级提供大漠罗布村黑枸杞实物回报。支持39元，将获得价值58元的“大漠罗布村黑枸杞”1袋（纸质袋）（每袋60g），【快手奖】该档位认购速度前5名未退款用户，可额外赠送价值58元的“大漠罗布村黑枸杞”1袋（每袋60g）；支持73元，将获得价值98元的“大漠罗布村黑枸杞”

1袋（纸质袋）（每袋120g），【快手奖】该档位认购速度前5名未退款用户，可额外赠送价值98元的“大漠罗布村黑枸杞”1袋（每袋120g）；支持118元，将获得价值128元的“大漠罗布村黑枸杞”1盒（金属盒）（每盒108g），【快手奖】该档位认购速度前5名未退款用户，可额外赠送价值128元的“大漠罗布村黑枸杞”1盒（每盒108g）；支持5000元，将预约成为“大漠罗布村黑枸杞”项目的初级代理人。您将支付500元预约金，支付完成后，项目方将在第一时间与您取得联系，商谈相关事宜并确立最终合作意向。开始吧仅为本档位提供信息推广服务，项目结束之后，无论成功与否我们都将退还你500元预约金。您可享受的权益（具体政策需与发起人进行细节敲定）：第一，代理费用均可直接抵扣货款，特享市场价8.5折进货价格体系；第二，正式成为初级代理人，可获“大漠罗布村黑枸杞”礼盒装1盒，成为首席体验官；第三，适合微商、小型社区店等初创型代理；支持50000元，将预约成为“大漠罗布村黑枸杞”项目的高级代理人。您将支付1000元预约金，支付完成后，项目方将在第一时间与您取得联系，商谈相关事宜并确立最终合作意向。开始吧仅为本档位提供信息推广服务，项目结束之后，无论成功与否我们都将退还你1000元预约金。您可享受的权益（具体政策需与发起人进行细节敲定）：第一，代理费用均可直接抵扣货款，特享市场价5折进货价格体系；第二，正式成为高级代理人，可获“大漠罗布村黑枸杞”礼盒装2盒，成为首席体验官；第三，适合有稳定客户群的线下实体店、微商、内容电商、品牌电商渠道等。

（6）推广、互动及联系方式：提供微信、新浪微博、电话等方式。

（7）参与主体。本案例农产品众筹项目的参与主体（participants）包括：项目发起人（组织）及其团队（由发起人&产品品控负责人冯小龙，首席技术指导秦垦和品牌运营总监芦杨组成团队）P1、众筹平台（开始吧众筹平台农业众筹栏目）P2、项目支持人

P3、合作及管理部门（当地政府部门、农业合作社、农户、尉犁县达西电商产业园、尉犁县电商协会、中粮我买网、中科院农业技术专家、监管部门、物流公司等）P4。

（8）有风险提示。

三、农产品众筹项目的 SWOT 实证分析

（一）优势分析

农产品众筹作为一种新的商业模式，使普通农民创业成为可能，农产品生产者能够通过众筹的方式，提前预知消费者的消费倾向，可谓一举多赢。

1. 农产品众筹是有效解决中小农业企业创业资金短缺问题的重要方式

农产品众筹是中小农业企业融资和发展的新方式，解决了中小农业企业、农户创业中遇到的两个核心问题：一是农产品为谁生产，二是运营资金从何而来。长期以来，融资难问题一直困扰着中小农业企业的发展。由于农业生产受季节、气候影响大，投资风险也大，众多中小农业企业由于固定资产少，信用水平低，很难通过传统的融资渠道融到生产需要的资金。农产品众筹整合了农业（农产品）项目、消费者需求、大众资金等多方资源，利用信息技术把难以量化的信用关系变成了可量化的信用关系，因其门槛较低、及时高效、操作便捷等优点被大众所接受。众筹与农业本身存在着优劣互补的关系，众筹行业可以通过农业领域开拓新的市场，众筹全新的融资模式又可有效解决中小农业企业融资难题，同时农产品去中间化，可直销客户，二者结合相得益彰（刘仍前，2017）。本章第二部分五个典型的农产品

众筹项目，农产品的质量和众筹项目创意都非常好，但由于项目规模较小，很难在银行等金融机构融到项目的启动及运作资金，通过众筹模式很好地解决了项目运作需要的资金问题。案例 5 - 1 野生手剥山核桃，粒大皮薄肉多，满齿留香，补脑神器得到 11554 人的支持，筹资总额 823477 元，项目完成进度 8234%。案例 5 - 2 栗志走出大山的镇安板栗，得到 883 人的支持，筹资总额 38158 元，项目完成进度 382%。案例 5 - 3 让野生猕猴桃走出大山——武都区五马乡西山村第一书记众筹，得到 174 人的支持，筹资总额 6445 元，达成预定目标的 645%。案例 5 - 4 为家乡谋福利，我们时刻进行着——秭归脐橙，得到 1703 人的支持，筹资总额 68097 元，项目完成进度 340%。案例 5 - 5 来自洁净之地的天然原花青素之王，泡一杯野生黑枸杞，留住时光，得到 191 人的支持，筹资总额 76096 元，项目完成进度 7609.6%。最低项目完成进度 340%，都筹集到远远超过目标金额的资金。

作为一种大众化的融资模式，众筹为农业微创业者提供了方便、快捷、低成本融资方式，很好地解决了农业创业者“融资难”的困境。案例 5 - 1 至案例 5 - 5 的农产品众筹项目发起人通过众筹平台发布农产品众筹项目，筹资成功后，把众多支持人的小额支持资金汇集起来，用于预定的农产品的生产和众筹项目的运作，突破了去银行等金融机构融资的束缚。农产品众筹筹资具有融资门槛低、融资规模小、融资方式灵活、融资方便快捷、面向大众、融资成本低、风险分散等优势，实质是一种普惠制融资模式，较好地满足了中小农业经营主体的融资需求，为中小农业企业提供了一条去传统金融等机构贷款之外的融资渠道，打通了中小农业经营主体融资难的“最后一公里”。农村金融服务依旧存在各种缺陷，农产品众筹模式会发挥很大的作用（曾裕，2015）。农产品众筹具有跨越时空，对参与主体没有严格限定等优点，实现了农产品生产的供求互动、以销定产，降低了农产品生产不确定的风险，农产品从产地直达消费者，缩短了农产品流通链条，对实现“互联网+农业”的战略目标具有重大意义。

农产品众筹作为一种新型的“预购+团购”电子商务模式，在筹集到生产农产品需要的资金的同时也完成了农产品的预售，是帮助中小农业企业、农户等主体融资和销售农产品的新渠道，不仅为中小农业企业、农户提供了一种方便、快捷、高效的农产品销售渠道，而且还在一定程度上解决了中小农业企业、农户的融资难问题（郑筱婷、商诗语，2019）。农产品众筹是创新的融资方式，有助于提高农户、农民的创新创业能力。农产品众筹以农产品预售和农产品个性化定制的模式创新了农产品的生产、流通、销售方式，农户、农民与消费者之间通过众筹平台上的社交媒体工具进行双向互动，能有效促进双方的沟通交流，消除信息不对称的影响，个性化的农产品需求定制使消费者能够得到更多可选择的特色农产品，农户、农民也通过农产品众筹提高收入（徐妍等，2016）。农产品众筹项目支持人可以参与到众筹项目的策划、管理与运营中。支持人不受地域、职业和年龄等限制，只要具有一定的资金支付能力和互联网应用技能即可参与，是“众人支持、集思广益、风险共担”的筹资模式。第二部分五个典型的农产品众筹项目回报依次为野生特好剥山核桃、镇安板栗、野生猕猴桃、秭归脐橙和大漠罗布村黑枸杞。众筹项目成功后筹到用于生产以上农产品的资金的同时也完成了农产品的预售，以销定产，发起人和支持人共赢。

农产品众筹可以有效带动农户、农民创业，因为农产品众筹不仅可以解决农村创业群体的资金难题，还可以拓宽农村创业群体的创业市场，使其有更多的创业机会和创业空间（程宣梅、陈侃翔、林汉川等，2015；徐妍，2016）。农产品众筹优化了涉农创业群体的融资方式，提升了涉农创业者的创业能力。以往农产品销售过程环节过多，流通成本过高，销售价格更高，导致农户创业成本过高、困难重重。农产品众筹采用预售的方式，能够为农产品生产筹集到资金。通过众筹平台，农产品众筹项目发起人与支持人可有效进行沟通交流，减少了双方的信息不对称，支持人能够买到定制的、称心的农产品，丰富了选择渠道，也为农户、农民带来了更多的收入（李战奎，2018）。案例5－2栗志走出大山的镇安板栗，是由来自秦岭山区的大学生村官高翰轩、镇安县洛青园电子商务有限公司发起的创业扶贫众筹项目。案例5－3让野生猕猴桃走出大山——武都区五马乡西山村第一书记众筹，是由派驻到陇南市武都区五马乡西山村担任第一书记的张赟联合陇南市旅游局驻村帮扶工作队、五马乡政府领导干部和村两委班子的共同力量，成立了专业的合作社来负责运作的创业扶贫众筹项目。案例5－4为家乡谋福利，我们时刻进行着——秭归脐橙，是由宜昌一苇电商科技有限公司发起的创业扶贫众筹项目。案例5－5来自洁净之地的天然原花青素之王，泡一杯野生黑枸杞，留住时光，是由冯小龙、秦垦和芦杨组成团队发起的农业创业项目。

农产品众筹具有网络筹资创新和商业模式创新的优势，有效地整合了小额资金、信息技术和市场资源，创新了现代农业发展的新模式。农产品众筹利用互联网和社交网络服务（social networking services，SNS）即时传播的特性，开启了涉农创业融资新模式，优化了资金筹集流程，聚集大众资金与农业创业项目对接，为农户及农企创业融资提供了新的渠道。农产品众筹采取预售模式面向消费者筹资，具有融资高效快捷、门槛低、支持群体基数大等特性（吕映秀等，2017），有效解决了涉农创业运作中的融资难题，是创新农村金融服务模式的有力补充。案例5－1野生手剥山核桃，粒大皮薄肉多，满齿留香，补脑神器，应用阿里旺旺、淘宝账号、新浪微博、人人网、豆瓣等社交媒体宣传推广众筹项目；案例5－2栗志走出大山的镇安板栗，应用微信、新浪微博、腾讯微博、QQ空间、论坛、豆瓣、人人网等社交媒体宣传推广众筹项目；案例5－3让野生猕猴桃走出大山——武都区五马乡西山村第一书记众筹，应用微信、QQ空间、新浪微博、论坛等社交媒体宣传推广众筹项目；案例5－4为家乡谋福利，我们时刻进行着——秭归脐橙，应用微信、新浪微博、QQ空间、论坛等社交媒体宣传推广众筹项目；案例 5 - 5 来自洁净之地的天然原花青素之王，泡一杯野生黑枸杞，留住时光，应用微信、新浪微博等社交媒体宣传推广众筹项目，都极大地促进众筹项目的成功。

农产品众筹筹资准入门槛相对较低，是一种大众化的融资方式，只要农产品众筹项目的创意价值或农产品质量得到广大支持人的认可，只要有优质的项目，具有可行性方案和相关说明，按照规定向众筹平台提供相应资料，众筹平台对众筹项目审核通过后，众筹项目便可向大众发布展示。消费者对支持的众筹项目线上出资。农产品众筹项目发起人可以更低的成本、高效快捷地筹集到所需资金，可以很好地解决涉农创业群体融资难问题。在农产品安全问题日益突出与网络消费日益兴起的今天，农产品众筹满足了支持人对特色农产品的需求（王亦明等，2016）。案例 5 - 1 项目特色：得天独厚的好山好水，孕育出的山核桃自然是优良品质的。粒大饱满，清新果香令人垂涎。新鲜制作，果形圆润、颗粒分明。色泽自然，果仁厚实饱满，诱人果香令人食欲大增。肉质松脆细腻、有滋有味。传承手艺，多道工序细心筛选。案例 5 - 2 项目特色：陕西镇安，“中国板栗之乡”，这里位于秦岭腹地，自然条件优越，森林覆盖率达到 67%，可谓山水风景如画。这里生态良好，植被繁茂，有“天然氧吧”之誉。优越的自然条件，为板栗的生长提供极好的环境，再加之生长于海拔1000 ~ 1500米左右的半坡黑色土壤中，坡度 60 度以上的山坡，不喷洒农药、不使用化肥，保证了镇安板栗健康自然的品质。镇安昼夜温差大，产生的自然物理积温紧缩栗香，使得果实颗粒饱满，个大色润，外表呈棕红色，甚是好看，生吃甜脆可口，熟吃软糯香甜，让人回味无穷。案例 5 - 3 项目特色：众筹的农产品野生猕猴桃质量具有特殊产地地理环境优势。西山村的野生猕猴桃，果实细嫩多汁，清香鲜美，酸甜宜人，可以抗氧化衰老，生长在大山深处，纯野生环境生长，没有农药，没有化肥，没有膨大剂，老少皆宜，是非常适合老人儿童孕妇吃的水果。案例 5 - 4 项目特色：秭归脐橙具有特殊产地地理环境优势，不打蜡，不催熟，不打甜蜜素。青皮即熟，果肉金黄，鲜嫩多汁，酸甜可口。案例5－5项目特色：黑枸杞产自“西域太阳城”新疆巴州尉犁县，黑枸杞核心原产区，方圆80公里无工业污染，拥有天然12000亩“大漠罗布村”培育基地。富含人体天然抗氧化剂——原花青素，含量约为蓝莓的11倍，草莓的220倍。案例5－1至案例5－5的众筹项目支持人应用众筹平台的社交媒体与发起人互动交流，对众筹项目提出疑问或建议，对支持的众筹项目线上出资，提高了筹资绩效。

农产品众筹筹资效率和销售运作效率较高。众筹模式下农产品众筹项目发起人只需向众筹平台提供资质和众筹项目等相关资料即可申请发布众筹项目，审核通过的众筹项目即可在众筹平台发布筹资，提高了筹资效率。农产品众筹筹资运作与农产品销售并举，可以提前获得生产农产品需要的资金，还可以检验消费者的市场需求，有助于提高农产品质量，实现以销定产，减少库存，提高了农产品的销售效率，可以增加农产品的知名度，增强农产品品牌粘性（邓凯元等，2018）。案例5－1至案例5－5的农产品众筹项目都在限定时间筹集到目标金额，筹资效率较高。众筹项目支持人得到了高品质的特色农产品。

农产品众筹能为众筹项目发起人提供新型的互联网融资渠道，有效匹配农户、家庭农场等新农人和中小农业企业的融资需求，还款方式（实际是农产品实物回报）灵活，提供了新型的农产品销售渠道，实现了“农场直达家庭”的模式，提升了农产品的配送效率，降低各环节的成本，提高了农民的收入，实现发起人与支持人之间风险共担、利益共享的合作模式（贾立、陈珏，2018）。

农产品众筹项目运作信息透明，消除了发起人与支持人之间的信息不对称。支持人通过众筹平台可以了解农产品种植、生产的相关信息；可以及时、全面了解众筹项目的筹资进度、农产品交易记录、其他支持人对农产品的提问、评价等信息。案例5－2栗志走出大山的镇安板栗，在众筹项目主页展示了众筹项目进展情况，发布了73个话题，大都是关于众筹项目或镇安板栗的话题，显示了6条评价信息。案例5-3让野生猕猴桃走出大山——武都区五马乡西山村第一书记众筹，显示了12条众筹项目评价信息，174条支持记录信息。案例5-4为家乡谋福利，我们时刻进行着——秭归脐橙，发布了3个话题。

2. 农产品众筹是一种创新的多方共赢的商业模式

农产品众筹结合了互联网技术和商业模式的优势，具备较为完整的商业模式特征，能够通过信息交换等方式有效进行跨界融合，整合优势资源、社交性聚拢和全方位分享，突破传统农业发展资金、技术、市场等瓶颈，创新农业发展模式并不断升级。农产品众筹在一定程度上解决了涉农创业群体的创业融资难问题。农产品众筹不仅可以优化农产品生产过程中的社会资源配置，还可以通过商业模式的创新不断优化传统的农产品生产流程，进而实现农产品流通成本的下降和流通效率的提升。通过众筹，为农业创业者提供了便捷、高效的资金筹集方式，为农业创业者提供了获取市场和人脉等重要资源的渠道。支持人直接对众筹项目发表自己的观点和意见，项目发起人通过对意见的汇集提取，使众筹项目、农产品质量更加贴近消费者的需求。发起人与支持人双方的互动拉近了生产者与消费者之间的距离，加速农产品的生产及销售，以销定产，极大地降低了农产品生产及销售的市场风险。案例5-1至案例5-5的众筹项目都是在多方主体参与下共同完成的。案例5-1野生手剥山核桃，粒大皮薄肉多，满齿留香，补脑神器，参与主体包括：项目发起人（组织）及其团队P1、众筹平台（淘宝众筹食品众筹栏目）P2、项目支持人P3、合作及管理部门（监管部门、安徽省黄山市歙县三阳村民、物流公司等）P4。案例5-2栗志走出大山的镇安板栗，参与主体包括：项目发起人（组织）及其团队（大学生村官高翰轩、镇安县洛青园电子商务有限公司）P1、众筹平台（京东众筹美食市集栏目）P2、项目支持人P3、合作及管理部门（镇安板栗产业协会、镇安县电子商务工作领导小组、监管部门、物流公司等）P4。案例5-3让野生猕猴桃走出大山——武都区五马乡西山村第一书记众筹，参与主体包括：项目发起人（组织）及其团队（张赟）P1、众筹平台（众筹网农业众筹栏目）P2、项目支持人P3、合作及管理部门（陇南市旅游局驻村帮扶工作队、五马乡政府领导干部和村两委班子、陇南市武都区五马西山种植农民专业合作社、监管部门、物流公司等）P4。案例5-4为家乡谋福利，我们时刻进行着——秭归脐橙，参与主体包括：项目发起人（组织）及其团队（宜昌一苇电商科技有限公司）P1、众筹平台（苏宁众筹平台农业众筹栏目）P2、项目支持人P3、合作及管理部门（三峡食品药品检验检测中心、秭归县经济商务和信息化局、监管部门、物流公司等）P4。案例5-5来自洁净之地的天然原花青素之王，泡一杯野生黑枸杞，留住时光，参与主体包括：项目发起人（组织）及其团队（由发起人&产品品控负责人冯小龙，首席技术指导秦垦和品牌运营总监芦杨组成团队）P1、众筹平台（开始吧众筹平台农业众筹栏目）P2、项目支持人P3、合作及管理部门（当地政府部门、农业合作社、农户、尉犁县达西电商产业园、尉犁县电商协会、中粮我买网、中科院农业技术专家、监管部门、物流公司等）P4。

农产品众筹颠覆了传统农业产业链模式，开启了一种新的预售模式，为传统农业的发展注入了新的活力。农产品众筹模式省去了农产品销售的诸多中间环节，库存资金少，流通成本低，流通效率高。农产品供给者提前获得消费者需求信息，供给者以销定产，降低了农产品生产风险。通过应用众筹平台的社交媒体工具，农产品众筹项目发起人与支持人之间可有效进行沟通交流，可检验农产品是否具有吸引力，保障了农产品安全，实现了众筹平台、发起人和支持人三者共赢。

农产品众筹产销倒置模式可稳定销售市场，有效解决了农产品定产量难、销售难的问题。消除了农产品中间经销商操纵价格的风险，有效保障农民和消费者的利益。利用众筹平台的信息推广能力，提升了农产品的品牌知名度，创新农产品品牌化运营模式（周宇燕、时洪洋，2017）。案例 5－1 至案例 5－5 的农产品众筹项目都是在筹资成功后再组织农产品的种植，以支持人订单为准组织农产品的生产，以销定产，避免了生产的盲目性。

农产品众筹实现项目发起人、项目支持人和众筹平台的三方共赢。首先，作为项目发起人，只要有好的农产品项目，不管是涉农企业、农村合作社、农村电商团队、家庭农场还是农户均可以发起农产品众筹项目，可以为项目筹集资金，预售农产品。其次，项目支持人既是支持人也是消费者，在满足自身对农产品需求的同时，也能参与到农产品众筹项目运作中。最后，众筹平台盈利源于项目发起人，农产品众筹项目成功后，众筹平台向项目发起人收取一定比例的佣金或扩大平台自身的社会影响力。淘宝众筹平台不收取佣金，主要为集团收集现金流，扩大平台自身的社会影响力，京东众筹平台收取筹资额度 3% 的佣金，众筹网平台收取筹集资金总额的 1.5% 作为第三方支付平台的手续费，苏宁众筹平台收取项目筹资总额 3% 的平台使用费。

3. 农产品众筹有助于促进中小农业企业的发展

农产品众筹深度整合各种资源，实现各种资源的共享，不仅弥补了农业发展在资金与技术方面的不足，还推动了农业的升级与改革。农产品众筹为农业企业提供了新的农产品宣传平台，扩大了农产品品牌影响力，降低农产品生产风险，在满足消费者对农产品需求的同时，也增加了农民的收入。农产品众筹显著提升了农产品供应链的运行效率，为农业领域的创新创业奠定了基础。案例 5－5 来自洁净之地的天然原花青素之王，泡一杯野生黑枸杞，留住时光，在中科院农业技术专家提供的技术支持下，对野生黑枸杞进行了保密技术的食品级去虫卵、微生物及细菌处理，确保野生黑枸杞可保持天然野生的纯正、无污染，同时避免因未施化肥、使用农药而可能产生的虫害。还借鉴了吐鲁番地区葡萄干晾晒经验，独创阴干技术。这种技术最接近于自然阴干，能避免直接摊在户外土地上晾晒，让地表高温造成的黑枸杞原花青素预热损失，也能避免雨水、鸟兽在晾晒过程中对果实的浸泡或啄食，使果实变质。在现有基础上将野生黑枸杞中原花青素含量高的优质植株进行培育，使其在自然生长状态下扩大覆盖面积。扩大黑枸杞保护基地面积、加大科研投入、带动更多农业合作社农户在家门口通过环保致富。对现有黑枸杞基地所产的黑枸杞蜂蜜进行发掘包装，不断开发黑枸杞芽茶、黑枸杞玫瑰茶、黑枸杞糕等黑枸杞衍生产品。

农产品众筹促进农业企业技术革新。通过农产品众筹可以将农产品生产经营产业链所需的资源进行有效整合，突破传统农业发展中的瓶颈。通过众筹平台帮助农户提前锁定消费者订单，以销定产，形成了农产品从产地直接供应消费者的全新模式，减少了中间流通环节，确保农产品新鲜，降低了运营成本，降低了农产品价格，让利于消费者。通过众筹平台，消费者可以全程监控农产品生产过程，保证了农产品的质量（孙晶晶，2016）。案例 5 - 1 至案例 5 - 5 的众筹项目回报的农产品野生特好剥山核桃、镇安板栗、野生猕猴桃、秭归脐橙和大漠罗布村黑枸杞，比市场价便宜很多而且质量也高。

农产品众筹通过创新涉农群体创业过程中的融资方式，增强涉农群体创业能力，有利于克服传统农业创业难困境。农产品众筹通过众筹平台展示众筹项目运作过程，提高了农产品生产过程的透明度，在很大程度上消除了农产品生产者和消费者之间的信息不对称。农产品众筹打破了原有的农产品产销流程，农产品生产者和消费者的利益一致化，将销售前置，以销定产，形成风险共担的生产和消费模式。

农产品众筹有利于促进农产品质量提升和品牌建设。农产品众筹对农业企业的农产品品牌宣传起到积极作用，支持人通过加深对农业企业的了解，也能增强支持人对农业企业的信心，很大程度促进农产品众筹项目成功。农产品众筹利用众筹平台上的互联网工具实时公布农产品生产过程，满足消费者对农产品质量的要求。农产品生产者可以通过众筹项目建立信誉，打造属于自己的农产品品牌，建立自己的忠实消费群体。案例 5－1 至案例 5－5 众筹的农产品野生特好剥山核桃、镇安板栗、野生猕猴桃、秭归脐橙和大漠罗布村黑枸杞，都具有特殊产地地理环境优势，已形成自己的特色品牌。

农产品众筹通过对农产品进行个性化定制，增加了农产品的销售渠道，实现供需双赢。在案例 5－1 至案例 5－5 中，消费者可对不同重量的农产品进行在线认筹，生产商根据认筹结果生产加工。预售和个性化定制方式有助于打开销路，形成稳定的消费者群体，大大降低农产品生产销售的风险。农产品众筹运作过程中在发起人与支持人互动，发起人可以得到支持人对农产品的反馈信息，据此不断地改良农产品，能够提高农产品的市场竞争力。农产品众筹可以聚集智慧、人脉、资源等各方面优势，更能有效树立农产品品牌形象，提升农产品品牌的影响力（史莹娟，2017）。

通过农产品众筹整合农业生产经营链所需资源，突破传统农业发展瓶颈，革新农业发展模式。提高农民收入，缩小城乡差距。农产品众筹以市场化的方式引导和鼓励部分农村弱势群体拓展创业市场难题，形成繁荣的商品交易，促进资金、人才回流，农民收入不断提高。

4. 农产品众筹有助于解决食品安全问题

过去几年来，食品安全事件频繁出现。消费者对安全、绿色、优质农产品的需求与农产品安全质量问题的矛盾日益突出，对“舌尖安全”的追求成为支持人参与农产品众筹的主要原因之一，农产品众筹能满足支持人追求食品安全的生活需求。随着人们生活水平的不断提高，人们越来越重视农产品质量安全问题，加之食品安全问题频发，农产品生产信任危机日趋严重。在这种情况下，人们越来越关注有机食品与绿色食品。农产品众筹的出现，让农产品生产过程在消费者面前透明化，在消费端与生产端建立供需双方信任链接，打造信任生态农业。农产品众筹通过众筹平台提供的工具，实现对农产品种植、生产的监督，达到有效管控农产品种植、生产过程的目的。农产品众筹运作模式恰好可消除支持人对农产品质量安全的顾虑，彻底打通绿色农产品“从田间到舌尖”通道，能确保农产品绿色生态无公害。在农产品众筹模式下，消费者和生产者只是买卖关系，二者以合作伙伴关系渗透到农产品的生产经营中，消费者可以监控农产品的生产，确保农产品质量，有助于解决食品安全问题。案例 5 –1 至案例 5 –5 众筹的农产品野生特好剥山核桃、镇安板栗、野生猕猴桃、秭归脐橙和大漠罗布村黑枸杞，都具有特殊产地地理环境优势，都生长在适合各自特点的自然环境，纯天然、无污染、不施化肥、不打农药，保证了农产品的原汁原味和安全。

农产品众筹融合了发起人与支持人的关系，众筹的农产品品质更有保障。农产品众筹应用社交媒体工具实现发起人与支持人之间高效沟通，发起人通过处理支持人的反馈信息，不断优化项目，生产高品质的农产品以适应消费者的需求。众筹项目发起人为农产品找到销路，支持人买到喜欢的特色农产品，满足追求高品质农产品群体的需求（王劲屹，2018）。支持人通过农产品众筹平台及时获得农产品生产情况，直接从生产者获取新鲜农产品，保证了农产品的质量。实现农产品产地直供，让消费者真正享受到“从田间到餐桌”的健康农产品。在农产品众筹模式下，支持人以农产品生产合伙人的方式对农产品生产经营进行深度参与，如果农产品出现质量问题可以追溯，这必然会约束发起人（生产者）的生产行为，在一定程度上解决了食品安全问题，实现 F2F 的新生活方式，让消费者吃到放心的农产品。案例 5 –1 至案例 5 –5 农产品众筹项目运作过程中，消费者如有疑问可通过众筹平台的社交媒体与发起人沟通交流，发起人及时处理消费者的疑问，保证众筹项目运作的公开透明。筹资成功后的回报实现环节，农产品不经过中间商，直接从产地配送给支持人，保证了众筹的农产品的质量。

5. 农产品众筹项目比较容易发起，运作信息透明

农产品众筹属于草根金融，参与支持起点低，发起人需要提供的发起农产品众筹项目的资质条件较宽松，只要有好的众筹项目创意和高品质的农产品，经众筹平台考查审核合格后，都可发起众筹项目，获得宣传、推广、咨询等服务。农产品众筹对项目发起人和支持人的包容性较强，要求较低，参与门槛较低。调查发现，在淘宝众筹、京东众筹、众筹网、苏宁众筹、开始吧众筹平台上，农产品众筹项目发起人除了具有较强经济实力的农业企业、电商企业外，还有农村电商扶贫团队、农户、个人等。农产品众筹项目支持人的参与群体很广泛，只要有资金支付能力和网络应用经验都可参与（孙玥、苟天来，2017）。案例 5－1 至案例 5－5 的农产品众筹项目都比较容易发起，案例 5－1 野生手剥山核桃，粒大皮薄肉多，满齿留香，补脑神器，由个人“野生山核桃”发起；案例 5－2 栗志走出大山的镇安板栗，由来自秦岭山区的一名大学生村官高翰轩、镇安县洛青园电子商务有限公司发起；案例 5－3 让野生猕猴桃走出大山——武都区五马乡西山村第一书记众筹，由派驻到陇南市武都区五马乡西山村担任第一书记的张赟发起；案例 5－4 为家乡谋福利，我们时刻进行着——秭归脐橙，由宜昌一苇电商科技有限公司发起；案例 5－5 来自洁净之地的天然原花青素之王，泡一杯野生黑枸杞，留住时光，由冯小龙、秦垦和芦杨组成的团队发起。

农产品众筹在一定程度上解决了农产品源头信息与需求信息相对不透明的问题、农产品供需双方的信任等问题。农产品众筹项目运作信息公开透明，众筹平台对众筹项目的实施进度、筹资的使用情况都及时公布，支持人也可通过众筹平台及时掌握众筹项目进度。农产品众筹筹集的资金直接使用在支持人选定的有价值的农产品众筹项目上，筹资使用的指向性更强，在一定程度上消除了筹资被挪用的风险，极大地提高了支持人对农产品众筹的认同感。农产品众筹项目发起人可以获得支持人对农产品众筹项目的改进信息，发起人根据反馈信息改良农产品，提高了农产品的市场竞争力。依托农产品众筹平台，农产品众筹项目信息被即时传递，发起人可以应用众筹平台上的社交媒体工具和支持人直接交流互动，支持人之间也可以横向交流，有利于发起人更好地掌握消费者的需求信息，发起人能够按需生产、供应配送农产品，降低农产品的库存风险、生产成本和损耗。

（二）劣势分析

1. 农产品众筹相关法律法规与监管机制不健全

农产品众筹相关法律法规与监督机制不健全，对众筹的资金等方面没有明确的责任人和监管手段。对农产品众筹的监管主要体现在筹集资金的目的和所筹资金的使用两方面。在农产品众筹模式中，众筹平台是一个监管者，维护支持人的利益，但有违约情况时，如众筹平台承担风险，对众筹平台来讲也不公平，且农产品众筹项目发起人和农产品产地地域分散，很难监管，若出现违规使用众筹资金的现象，众筹平台会协商发起人把已用筹资退还给支持人，不允许在该众筹平台上线其他农产品众筹项目，没有实质性的惩罚措施。案例 5 - 1 至案例 5 - 5 的农产品众筹项目都有风险提示或风险说明：（1）众筹不是商品交易。支持者根据自已的判断选择、支持众筹项目，与发起人共同实现梦想并获得发起人承诺的回报，众筹存在一定风险。（2）众筹平台只提供平台网络空间、技术服务和支持等中介服务。众筹平台作为居间方，并不是发起人或支持者中的任何一方，众筹仅存在于发起人和支持者之间，使用众筹平台产生的法律后果由发起人与支持者自行承担。(3) 众筹项目的回报发放、发票开具及其他后续服务事项均由发起人负责。如果发生发起人无法发放回报、延迟发放回报、不提供回报后续服务等情形，您需要直接和发起人协商解决，众筹平台对此不承担任何责任。(4) 由于发起人能力和经验不足、市场风险、法律风险等各种因素，众筹可能失败。众筹期限届满前失败或募集失败的，您支持的款项会全部原路退还给您；其他情况下，您需要直接和发起人协商解决，众筹平台对此不承担任何责任。如项目筹款成功但发放回报出现问题，您可申请退款退回支持金额。如果部分筹资已被项目组织者使用，退还已用筹资的事宜需要支持人与项目组织者自行协商，支持人可能会承担已用筹资无法退回的损失。(5) 支持纯抽奖档位、无私支持档位及公益众筹项目档位，一旦支付成功将不予退款，众筹失败的除外。

对农产品众筹项目的审核没有形成标准化。目前我国农产品众筹的审核方式还是众筹平台单方面的审核，没有形成标准化的评判体系。对农产品众筹项目支持人的保障机制不健全。如果出现农产品众筹项目筹资失败或回报的农产品未按照预期要求送到支持人手中，支持人的消费体验会非常差，很少会继续参与农产品众筹，导致农产品众筹发展受到不利的影响。

农产品众筹的发展在我国目前属于探索期，还没有专门的法律法规颁布。2015 年，中国银行等 10 个部门印发了《关于促进互联网金融健康发展的指导意见》(以下简称《意见》),《意见》的颁布意味着互联网融资的合法化，为我国众筹法律的颁布提供了指导性意见，这为我国农业众筹法律法规的建立提供了依据。目前而言，农产品众筹相关法律法规还不完善，监管体系有待规范。一旦出现对众筹筹资监管不到位、生产过程不透明、农产品标准不明晰等问题，就难免产生纠纷，进而导致消费者权益受损。农产品众筹以预付资金为运作前提，众筹平台虽会采取措施以保障支持人的利益，但实际效果有限，比如风险保证金制度为支持人资金损失提供保护，但额度并不能完全覆盖。

农产品众筹行业社会监管与征信体系建设不完善。农产品众筹行业的发展尚不成熟，缺乏专业的行业协会督促该行业进行自律监管，监管体系不完善让别有用心的人有机可乘，农产品众筹项目支持人会面临许多不确定性的潜在风险。农产品众筹平台作为农产品众筹项目的居间方，负有对众筹项目发起人资质审核认证的责任，由于我国征信系统不够完善、个人征信体系尚未形成、市场信息不够透明，这不利于防范农产品众筹中存在的信用风险。由于网络集资诈骗事件的影响，导致多数人对农产品众筹项目的信任度不高，这会阻碍农产品众筹的发展（何临等，2017）。农产品众筹有很大的发展空间，但前提要加强监管，在资本、支持人与发起人之间搭建起安全顺畅的运作平台。

农产品众筹项目筹资成功以后，支持人和发起人之间的信息不对称程度加大，筹资成功后，大部分众筹平台没有很好的众筹项目回报执行情况的监督机制。目前国内农产品众筹所面临的最大风险就是农产品品质可能无法达到支持人的预期要求。农产品生长周期长，受季节、气候影响大，如果不能保证农产品的质量，容易造成支持人的信心缺失，无法形成良好的持续参与机制，阻碍农产品众筹的普及和大范围推广。案例5－1至案例5－5的农产品众筹项目筹资成功后农产品回报阶段一般只说明已发货，其他反馈信息较少。

2. 农产品众筹平台专业化程度较低，农产品众筹项目形式单一

农产品众筹平台专业化水平较低。相较于国外农产品众筹，我国农产品众筹发展还处于初级阶段。国内农产品众筹网站发展参差不齐，同质化现象严重，筹资规模不大。国内有影响力的众筹网站，如淘宝众筹、京东众筹、众筹网、苏宁众筹、开始吧众筹等平台众筹总额度较大，但包含的众筹类别多样，不是专攻农业（农产品）众筹。案例5－1至案例5－5农产品众筹项目发起平台都是综合型众筹平

台，发起的众筹项目类型较多，一般不如垂直型农产品众筹平台发起的众筹项目专业、精深。

农产品众筹平台缺乏工作标准，这极易带来风险。农产品众筹平台除了承担众筹项目审核、宣传推广等前期工作外，还承担众筹项目后期运行情况监督和纠纷处理等工作。农产品众筹平台缺乏工作标准的现状与平台承载的重要职能无法匹配，亟须立法予以规范。

农产品众筹在我国发展的时间较短，很多消费者对农产品众筹并不了解，只有一些稀奇的农产品才能引起消费者的注意，农产品众筹项目形式单一，基本上走的是中高端路线且有些许小众化，单一的市场细分并不能带动整个农业产业的快速发展；大部分农产品众筹项目主要为“尝鲜预售”，农业产业链条的其余环节尚未得到充分的开发，反之一些日常生活中触手可及的农产品并不会受到消费者的特别关注，对一般大宗农产品来讲，众筹还比较困难。同时，有些农产品众筹项目设计形式缺乏新意，竞争力不足，众筹项目之间的模仿与跟风现象明显。农产品众筹项目中存在的同质化现象十分严重，很多众筹项目除了项目名称不同以外不存在任何本质上的区别（后东玥、梁林蒙，2017；叶荣榕，2018）。本章的五个农产品众筹项目案例中，只有案例5－5来自洁净之地的天然原花青素之王，泡一杯野生黑枸杞，留住时光，提出对现有黑枸杞基地所产的黑枸杞蜂蜜进行发掘包装，不断开发黑枸杞芽茶、黑枸杞玫瑰茶、黑枸杞糕等黑枸杞衍生产品，扩大农业产业链条。

农产品众筹项目标的受众较窄。目前，已发布的农产品众筹项目标的主要集中在以下三类：第一类是具备区域特色的优质农产品，其种养殖环境苛刻，仅能在特定区域、环境下生长。第二类是绿色有机农产品，要求在生产过程中严格控制农药、激素、化学药品的使用，保证种养平衡与农产品的健康安全。第三类是饱含人文情怀的农产品，利用发起人的人物背景或地域特色来打造专属农产品品牌，牵动支持人的心，该类农产品众筹项目通常带有公益色彩或扶贫性质。

新旧农人合作渠道还需进一步通畅。农产品众筹的发起人主要是重信息、重资源、重利润、重创新的农业爱好者、投资者、服务者，即“新农人”。他们掌握优良的互联网资源，能通过农产品众筹来扩展农产品的筹资渠道，但却缺乏土地资源和专业的种养殖技术。而传统农民则由于保守观念根深蒂固，很难在短时间内接受农产品众筹模式。使得农产品众筹项目的参与人数量较少，增速缓慢（贾立、陈珏，2018）。

3. 农产品众筹项目筹资成功后回报的农产品物流配送成本较高

农产品众筹项目支持人所处地域较为分散，众筹项目回报的农产品物流运输十分分散且配送规模较小，很难形成集合运输，农产品的物流配送需求不能满足第三方对运输数量的要求，众筹项目发起人因此增加了配送成本，对生产者来讲，虽然中间流通环节减少，风险降低，成本减少，但这种量小而分散的高物流成本让众筹项目发起人无法接受，只能通过限制农产品的预售范围来控制物流配送成本。这些因素导致目前绝大多数农产品众筹项目只能在特定地区开展，难以大范围推广，限制了农产品众筹的发展。

农产品众筹模式从农产品种植到配送给支持人，主要涉及仓储、物流等诸多环节。物流运输环节中，物流配送规模小，基层物流网点可能无法覆盖，农产品存在“最初一公里”的问题。与一般商品不同，农产品保质期较短，且在运输过程中极易受到外力影响，导致挤压变形、变质，因此农产品的配送十分不便。有些农产品需要冷链物流，但目前我国冷链物流费用高昂，导致农产品物流配送成本高，增加了发起人的负担。案例 5 - 4 为家乡谋福利，我们时刻进行着——秭归脐橙，在众筹页面提示：为了保证水果新鲜，以下地区的亲请勿拍下购买：新疆、西藏、甘肃、青海、内蒙古、宁夏、港澳台及海外路途太过于遥远的地方。

4. 农产品众筹项目运作存在风险

虽然农产品众筹发展处于有利的政策、社会、经济和技术环境，但在众筹模式下，传统筹资程序被压缩和精简，筹资各环节的风险均暴露在网络环境下，农产品众筹模式作为一种新型的集资模式目前还存在很多风险问题。主要存在生产风险、项目风险（时效、额度、成本、运营）、金融风险、平台技术风险、法律风险、信用风险和道德风险、操作风险、信息安全风险、资金流或资源安全等风险。案例 5－1 至案例 5－5 的农产品众筹项目只是在众筹页面有简单的风险提示和免责声明，对众筹项目存在的主要风险没有细节说明。

农产品众筹项目生产风险。农产品的生长周期较长，保质期较短，环境、季节、气候依赖性较强，储存成本较高。农产品在生长过程中很可能面临一些自然灾害，其生长环境很难进行人为控制，这就导致了农产品的生产风险。

金融风险。农产品众筹是以支持人预先支付资金作为运营资金。因此，农产品众筹项目在运营过程中存在资金安全风险。支持人会面临众筹项目回报发放失败带来的金融风险。农产品众筹项目缺乏筹资使用监管制度，这加大了农产品众筹项目的金融风险（崔煜雯等，2019）。

法律风险。目前我国农产品众筹处于起步阶段，相关法律法规还不完善，这就导致在农产品众筹中支持人对筹资的使用缺乏控制权、监督权。增加了支持人参与农产品众筹项目的不确定性，成为制约农产品众筹发展的重要因素。

农产品众筹平台存在一定的信用风险。由于众筹平台缺少监管措施，发起人的身份细节有时很难审核；在半成品众筹项目筹资成功后，发起人能否按照众筹项目计划使用筹资；在使用筹资的过程中是否符合法律规定；以及发起人承诺的农产品回报能否实现等具有不确定性，这些情况都增加了支持人的信用风险。

信息不对称导致的道德风险和逆向选择风险。农产品众筹项目支持人只能依靠发起人在众筹平台上发布的信息来了解农产品众筹项目，发起人对支持人的了解只能通过“软信息”，缺乏真实可靠的“硬信息”，这有可能导致道德风险，发起人获得筹资后，不信守承诺，最后仅提供质量一般的农产品；逆向选择风险，发起人高标准种养殖高质量农产品，众筹标价较高，一般消费者很可能转而选择支持价格优惠的同类农产品众筹项目，而价格优惠的众筹项目农产品质量往往较次，达不到支持人的预期要求（王劲屹，2018）。

缺乏详细的信息披露机制。众筹平台大都只是简单介绍农产品众筹项目的主要内容，尚未设置非常完善的信息披露机制，支持人无法通过众筹平台了解到众筹项目运作的细节信息，尤其是很少披露筹资成功后农产品回报发放信息。只有案例 5－3 让野生猕猴桃走出大山——武都区五马乡西山村第一书记众筹，在众筹网平台简单展示了农产品野生猕猴桃回报发放基本信息。

5. 消费者对农产品众筹缺乏信任

信息不对称导致消费者对农产品众筹的信任度低。农产品众筹在我国发展较晚，大众对其了解较少。互联网上长期存在的集资诈骗行为使消费者对农产品众筹望而却步。有些人甚至误认为农产品众筹从本质上来看是非法集资行为。农产品生长周期长，面临的环境、季节、气候影响风险大，农产品的保质期短等问题影响消费者参与农产品众筹的意愿。农产品众筹类似于“预购＋团购”，支持人在众筹项目运作初期看不到农产品实物，参与前无法预估农产品的最终品质，当农产品众筹项目筹资成功后，发放的农产品品质达不到支持人的预期要求时，支持人将会大失所望，进而影响农产品众筹的口碑。

农产品众筹采取“预购＋团购”的模式进行农产品销售，大多以绿色、有机、无公害为卖点，走小众高端路线。消费者对农产品众筹缺乏了解，还习惯于传统的农产品购买模式。众筹平台虽然有时会提供农作物种植重要节点的图片或视频，但不排除生产者为了节省成本，追求更高利润，违规使用农药增加产量，致使农产品品质不达标，造成消费者对农产品众筹的不信任。

我国现行的农产品物流配送体系主要以公路运输为主，运输途中农产品的自然保鲜很困难。农产品众筹实现农产品产地直供支持人，生产者发货压力大，难以确保农产品质量完好，农产品物流配送和保鲜水平会挫伤支持人的积极性，影响其对发起人的信用评价，进而产生对农产品众筹的信任危机。

6. 消费者参与农产品众筹项目的积极性较低

农产品众筹项目面向涉农企业、农场及农户，旨在帮助其解决融资困境。农场主及农户传统思想根深蒂固，对新型的农产品众筹筹资模式持有畏惧和抵触心理，往往容易在意识上把风险扩大化；这类筹资人通常缺乏互联网应用技术和营销知识，对于新兴的农产品众筹模式了解较少，对这种新兴筹资模式持怀疑态度，参与积极性较低。

农产品众筹在我国起步较晚，发展规模有限，目前仍定位于小众高端，F2F 模式尚不成熟，参与热情不高。不少消费者对农产品众筹持怀疑态度，对农产品众筹的认可度偏低，参与农产品众筹项目的消费者较少。农产品众筹目前还处在前期发展阶段，人们的消费习惯不易改变，大众在接受农产品众筹方面可能会遇到困难。农产品众筹初期阶段的宣传并不太专业和详细，使信息无法准确传达给广大受众。消费者参与较少，市场范围不够大。

（三）机会分析

1. 国家政策支持

2015 年的中央“一号文件”中，农业的主题是改革创新，提高农业竞争力，发展可持续农业。文件中明确指出，“创新农产品流通方式，支持电商、物流、商贸、金融等企业参与涉农电子商务平台建设。开展电子商务进农村综合示范”。由此，为电商等多种形式进驻农村提供了政策支持。在党的十二届全国人大三次会议上，李克强总理提出了“互联网+”行动计划，互联网平台的影响范围不断扩大。这些相关政策是农业和互联网跨界合作强有力的后盾。案例5-1至案例5-4的农产品众筹项目具有众筹扶贫性质，案例5-5的农产品众筹项目具有创新创业性质。

2015年3月，在全国两会上，互联网金融这一融资模式得到肯定，尤其是互联网众筹行业，因为能够帮助众多草根创业者解决创业前期融资难的问题，而得到更多的关注和更高的认可度。2015年6月，国务院办公厅印发的《关于大力推进大众创业万众创新若干政策措施的意见》中提出“丰富创业融资新模式，支持互联网金融发展，引导和鼓励众筹融资平台规范发展，开展公开、小额股权众筹融资试点，加强风险控制和规范管理”。2015年9月，国务院在《关于加快构建大众创业万众创新支撑平台的指导意见》中，强调加快发展“四众”（众创、众包、众扶、众筹），要求各级政府在政策方面支持和推进众筹的发展。农产品众筹的提出最早见于《关于大力发展休闲农业的指导意见》：“鼓励社会资本依法合规利用PPP模式、众筹模式、“互联网+”模式、发行债券等新型融资模式投资休闲农业”。2017年4月21日国务院办公厅印发了《关于加快发展冷链物流保障食品安全促进消费升级的实施意见》，部署促进冷链物流发展有关工作，加快冷链物流基础设施网络建设，保障生鲜农产品和食品安全，为农产品众筹发展提供了有利条件。

2. 中小农业企业融资需求

“互联网+”网络金融的时代特质为众筹提供了可能，众筹筹资模式已经被认可。通过互联网平台为农业发展寻找非正规金融融资途径的基础已经形成。中国农业发展缺乏正规金融机构资金注入，中小农业企业的发展存在巨大的资金需求，而以农产品众筹为代表的互联网金融模式恰恰迎合了此种需求（聂玲、余增辉，2017）。案例 5－5 来自洁净之地的天然原花青素之王，泡一杯野生黑枸杞，留住时光，提到加快研发、新建仓库确保发货速度、扩大保护区面积、农户培训、环保知识宣传、对外推广交流……都需要资金的保证。

中小农业企业在融资问题上一直处于弱势地位。农产品众筹与中小农业企业在一定程度上处于互为机遇的关系，保守薄弱的中小农业企业成为农产品众筹开拓、发展的新主体和新用户，全新的众筹筹资模式为中小农业企业的长足发展提供了契机和出路，这说明农业与众筹的结合是一种必然（王安琪，2015）。

农产品众筹是一种创新的涉农金融服务模式，通过向支持人预售高品质农产品，解决中小农业企业生产融资难、农产品销售难等问题。农产品众筹作为一种新生的涉农金融服务业态，是农村金融服务的有力补充，有利于促进资金流向“三农”领域，增加农村金融服务的有效供给（朱海波，2016）。农产品众筹可以通过平台直接向消费者筹集资金，以满足中小农业企业、农场、农户的资金需求。农产品众筹融资门槛较低、融资快，从而能够有效缓解农业发展资金不足及到位慢问题。

3. 信息技术和冷链物流技术的发展及应用

《第 43 次中国互联网络发展状况统计报告》显示，截止到 2018 年 12 月，中国网民数量已高达 8.29 亿，其中手机网民数量达 8.17 亿，巨大的网民数量代表着巨大的消费能力。与其他互联网金融产品相比较，众筹更强调社交属性，是一种社交金融，从农产品众筹项目发起到成功，每一个环节都利用社交网络进行宣传、推广。通过项目推广过程，累积口碑、社交化人际传播增长人气，依靠社交化营销推广成为农产品众筹成功的重要力量。基于大数据的云计算的广泛应用，是农产品众筹项目运作的技术保障，智能手机的普及和移动网络的深度覆盖，使即时沟通成为可能，平台化的运营也保证了农产品众筹项目各参与主体之间高效便捷的合作。案例 5 - 1 至案例 5 - 5 的农产品众筹项目都应用了社交媒体宣传、推广众筹项目，发起人与支持人通过应用社交媒体互动、交流，有效地促进了众筹项目的成功。

我国“十三五”冷链物流产业发展规划的制定为农产品配送环节的完善提供了保障。农产品众筹项目筹资成功后农产品配送范围基本覆盖全国，远距离运输加入了冷链物流，会对农产品做相应的包装和保护，在运输过程中保证农产品安全和质量。

4. 消费者素质的提升有利于农产品众筹模式的推广及应用

农村落后地区普遍存在信息不畅，交通不便等共性，随着近年来公众社会责任感不断增强，针对落后地区发起的农产品众筹活动有些带有公益性质，可以引起极大共鸣，使社会资源能够在全社会范围内最大限度实现有效配置，既可以对农村落后地区实现帮助，也能满足公众回馈社会的情感需求。贫困人群大部分为农户，且普遍处于偏远地区，整体经济发展较为滞后，随着国家精准扶贫政策的大力支持，农产品众筹这种新兴模式可以利用自己的特点，结合政策趋势，针对贫困地区发起带有公益性质的农产品众筹活动，既可以为精准扶贫提供新的思路，也能使有志于帮助落后地区发展的人们提供更为直接的支持方式（白航、刘志有，2019）。案例 5 - 1 ~ 案例 5 - 4 的农产品众筹项目具有众筹扶贫性质，案例 5 - 2 栗志走出大山的镇安板栗，由来自秦岭山区的一名大学生村官高翰轩、镇安县洛青园电子商务有限公司发起；案例 5 - 3 让野生猕猴桃走出大山——武都区五马乡西山村第一书记众筹，由派驻到陇南市武都区五马乡西山村担任第一书记的张赟发起。

（四）威胁分析

外部模仿的风险。目前主要的农产品众筹平台已经形成了自身的关键竞争力，依靠资源整合能力是其他农产品众筹平台难以比拟的巨大优势，但是面临农产品众筹，各大电商（诸如淘宝、京东、苏宁等）也在争相布局，积极发展，参与该市场并获得收益。农产品众筹应该在自己商业模式中加入有效的隔离手段，防止学习者取代自身的竞争优势，诸如优质渠道的开发，进一步整合资源形成聚合力，更加注重建设和维护既有能力，获得更多消费者的支持。

四、本章小结

本章分析了农产品众筹项目的优势（strength）、劣势（weakness）、机会（opportunity）和威胁（threat）。优势方面主要包括：农产品众筹是有效解决中小农业企业创业资金短缺问题的重要方式、农产品众筹是一种创新的多方共赢的商业模式、农产品众筹有助于促进中小农业企业的发展、农产品众筹有助于解决食品安全问题、农产品众筹项目比较容易发起，运作信息透明。劣势方面主要包括：农产品众筹相关法律法规与监管机制不健全、农产品众筹平台专业化程度较低，农产品众筹项目形式单一、农产品众筹项目筹资成功后回报的农产品物流配送成本较高、农产品众筹项目运作存在风险、消费者对农产品众筹缺乏信任、消费者参与农产品众筹项目的积极性较低。机会方面主要包括：国家政策支持、中小农业企业融资需求、信息技术和冷链物流技术的发展及应用、消费者素质的提升有利于农产品众筹模式的推广及应用。威胁方面主要包括外部模仿的风险。

农产品众筹项目商业模式与关键成功因素研究

Chapter 6

第六章　农产品众筹项目发展的对策建议

根据第五章对农产品众筹项目 SWOT 的分析结果，本章从政府政策方面、农产品众筹项目发起人方面、农产品众筹项目发布平台方面和农产品众筹项目支持人方面提出农产品众筹项目发展的对策建议。

一、政府政策方面的对策建议

（一）完善农产品众筹相关法律法规体系

法律法规规范化对农产品众筹项目成功起着至关重要的作用。可借鉴国际先进经验并结合国内实践，尽快建立起一整套行之有效的农产品众筹项目法律法规体系，为农产品众筹项目合法有序地进行提供制度保障。需要通过法律法规明确农产品众筹的合法地位，对农产品众筹平台的合法性、准入制度、平台职责等方面进行强制性的详细规定；对发起人的条件、职责、禁止行为等做出原则性规定，这有助于保护农产品众筹项目参与主体各方的利益，有效促进我国农产品众筹的良性发展。总之，通过法律法规形式对农产品众筹项目予以规范和引导，一旦众筹参与方发生纠纷，对纠纷的处理有法可依，有章可循。随着越来越多关于农产品众筹的法律法规出台以及监管措施的落地，农产品众筹将在更为规范、有序的前提下开展。

随着众筹融资模式的快速发展，2016 年我国相继出台了《关于印发推进普惠金融发展规划（2016—2020 年）的通知》及《关于进一步做好防范和处置非法集资工作的意见》等文件，都明确指出了要加快建立众筹监管机制。与此同时，2016 年 3 月成立的互联网金融协会也是我国互联网金融行业自律监管的良好开端。但就目前具体情况而言，尚无专门针对农产品众筹的法律法规出台。农产品众筹作为一种新型的互联网金融业态，发展时间较短，其行业经营特点和项目运行漏洞并没有完全显现，农产品众筹的监管措施也明显滞后。需要制定一套完善的法律制度用以监管农产品众筹模式的交易行为。只有明确了农产品众筹项目运行的法律法规的具体要求，才能有效地降低和防范农产品众筹模式在运作过程中可能出现的风险，保障农产品众筹的健康发展。政府有关部门应当建立科学有效的众筹筹资监管体系以保障农产品众筹项目支持人、发起人以及众筹平台等各参与方的合法权益。应尽快出台与农产品众筹相关的法律法规，明确农产品众筹的管理及责任主体。农业管理部门作为主要牵头部门，应承担农产品众筹行业引导推动职能；银监会作为金融监管部门，应承担农产品众筹风险控制职能；农产品众筹项目基于网络平台运作，需要工信部门承担技术监管和网络安全职能；还需要质检部门配合，保证农产品质量安全。

农产品众筹作为互联网金融的典型模式，其在整个运作过程中会受到相关职能部门的监管。在宏观层面，国家相关部门可以借鉴美国2015 年 10 月 30 日发布的 JOBSA 法案第三部分促进创业企业融资法案（Jumpstart Our Business Startups Act，JOBSA）（Title III），结合我国农产品众筹发展的实际情况，尽快出台相关法律法规，有针对性地对农产品众筹筹资建立起完备的监管机制。在微观层面，需要借鉴其他行业的经验建立健全农产品众筹监管制度和体系，遵循适度、有效的监管原则，从农产品众筹平台的许可设立、业务运作、资金存放与划汇等方面加强监管。明确监管范围，落实监管责任，对农产品众筹进行全过程、全方位监管。农产品众筹监管机制的重点是平台权限和资金流安全。通过引入第三方资金托管机构，借助其标准化和安全化的操作流程，实现对农产品众筹资金流的监管。

从优化农产品众筹项目运作流程入手，加强对筹资的监管，保证众筹项目的顺利运行。相关监管部门应出台有针对性的法律法规，从筹资渠道、筹资存放、知识产权保护等各方面给予详细指导。加强对农产品众筹项目的监管和扶持，防控各类风险。农产品众筹存在生产风险、项目风险、金融风险、法律风险、信用风险、道德风险、操作风险和资源安全等风险，政府有关部门和农产品众筹项目发布平台应加强监管，尽快出台相关法律法规，对农产品众筹的行业准入和监管制度标准出台明确规定，杜绝农产品众筹项目良莠不齐的现象。加强农产品众筹市场保护机制，降低农产品众筹给支持人、发起人、生产者和众筹平台带来的风险，明确分工和界限，有效解决当前农产品众筹市场中出现的无序状态。提高农产品众筹的准入门槛。众筹平台对要上线的农产品众筹项目进行严格审核，对众筹项目和发起人要有明确的规定，发现违规现象要及时解决，对不合格的众筹项目和农产品要及时清除。

对农产品众筹项目的监管要从以下几点入手：制定准入规则、加快法律建设；发挥平台监管职责；建立行业自律机制；加强与农业主管部门的合作。强化对农产品众筹项目筹资的监管力度，在农产品众筹项目支持人、众筹平台与发起人等参与主体之间搭建平台，并由专业的机构进行监督管理，提高信用保障力度。

制定严格的农产品众筹平台准入标准和行为标准。农产品众筹平台作为农产品众筹项目的主要参与主体，其履行职责情况决定了农产品众筹项目的成败。因此，应当设立严格的农产品众筹平台准入标准，依据标准对申报的平台进行审批，对农产品众筹平台的行为进行监管，具体包括对农产品众筹平台是否审核农产品众筹项目发起人和支持人的主体资格、是否对要发布的农产品众筹项目进行审核、是否向众筹项目支持人提供合乎标准要求的中介服务、是否在众筹项目筹资成功后履行对农产品众筹项目回报执行情况的监督责任等。

（二）完善农村互联网软硬件基础设施和农产品物流配送体系

互联网金融要服务农村实体经济，首要任务是完善农村互联网软硬件基础设施，为农村互联网金融的应用及发展提供保障。各级地方政府应通过税收优惠、减免、财政补贴或者政府购买等方式，鼓励社会资本如网络运营商、金融企业以及其他互联网企业投资农村互联网金融业务所需的软硬件基础设施，如无线网络系统、结算系统、支付系统等。

加强冷链物流体系建设，进行资源整合，降低冷链物流运营成本。在农产品领域的冷链物流布局上多做改进，保证生鲜农产品的质量。农产品众筹平台加强与冷链物流公司的合作。配送规模较小、达不到冷链物流公司单个的运输要求时，众筹平台可直接与冷链物流公司达成合作意向，对筹资成功的众筹项目提供统一的农产品配送服务，这样分摊了运输成本，降低了发起人（或支持人）的成本，保障了农产品在运输过程中的质量。农产品众筹项目筹资成功后，项目回报执行的农产品配送订单整体下单，对物流配运路线整体规划，能够提高配送效率。当发起人不能承担农产品物流配送成本时，可与支持人协商，把相邻地区支持人的配送要求整合起来共同分摊运输成本。在仓储环节中，政府应鼓励和引导生产者联营，距离相近的生产者可共建共用农产品储藏仓库。政府还可以通过专项资金计划来协助农户及企业构建农产品储藏仓库，有效保障农产品众筹项目的高效、高质量执行。

构建针对农产品众筹平台的统一农产品物流配送系统。农产品高额的物流配送费用在一定程度上制约了农产品众筹的发展。众筹平台可以与物流公司合作或自建物流系统，实施统一配送农产品，形成规模经济，大幅降低农产品物流配送成本。积极运用农场联营、合作社运营等模式，有效整合生产、技术、流通等资源，实现批量化配送农产品。

（三）加强对农民互联网操作和农产品众筹知识的培训

在农产品众筹发展的早期，利用地方政府支农培训项目等途径，地方政府与农产品众筹平台或电子商务平台合作对农民进行互联网操作和互联网金融知识培训。培训的具体内容包括：互联网操作技能、互联网金融知识、农产品众筹知识、经济管理、农业生产技术等相关知识技能培训。

二、农产品众筹项目发起人方面的对策建议

（一）提高农民和消费者对农产品众筹的认知度

目前大部分农户、农民对农产品众筹并不十分了解，这影响了农产品众筹的快速发展。要想从根本上改变这一状态，必须采取有效手段加大农产品众筹项目向农民的定向宣传力度，通过新闻媒体宣传，在各类媒体投放广告，开展公益主题讲座、成立专门小组下乡宣传等途径，加强对农产品众筹项目的宣传、推广，普及农产品众筹相关理念，让农民认识到农产品众筹的优势，提高参与农产品众筹的积极性。

农产品众筹在我国还处于发展阶段，对于大多数消费者来说还是一个新兴事物。同时，因为农产品众筹项目存在风险，很多消费者对农产品众筹持观望或怀疑的态度，表示更愿意采用其他方式购买农产品。为了让消费者深入了解农产品众筹，可以通过农产品众筹平台进行宣传，可以通过主要门户网站进行农产品众筹知识的普及，也可以通过政府网站农业栏目加强对农产品众筹项目的推广，让更多的消费者了解农产品众筹。在当今农产品众筹需求面小的情况下，采用消费者定期体验交流活动、消费者跟踪服务，对消费者进行追踪调查并根据消费者的建议进行改进。通过地方特色农产品展览会、文化交流会、农场参观日等活动，提高消费者对农产品众筹的认知度。

（二）应用各类媒体构建农产品众筹项目宣传推广渠道

农产品众筹项目宣传推广的主要渠道是网络媒体。主要的宣传推广方式包括：流量导入，通过关键词条进入百度等搜索引擎；应用微信公众号、微博、微信、日志等社交媒体在社交圈传播。通过农产品众筹平台推送、网页宣传、客户端推送等活动在线宣传农产品众筹项目，扩大农产品众筹项目的受众群体。

充分利用各类媒体的宣传效应，重视新媒体与传统媒体的结合，形成“网络社交＋新闻”的全媒体覆盖模式加强对农产品众筹项目的宣传、推广。同时结合线下产品推广活动，形成连续宣传、全面推广的模式，提高消费者对农产品众筹项目的关注度，吸引更多的消费者参与农产品众筹项目。激活农产品众筹项目发起人潜在社会网络关系资源，借助线上和和线下“朋友圈”资源宣传、推广农产品众筹项目，让更多消费者参与、支持农产品众筹项目。

（三）选择声誉高的农产品众筹项目发布平台

在农产品众筹平台选择上，发起人和支持人双方应该首选大型综合类涉农众筹平台。从发起人来看，不论从农产品众筹项目与众筹平台的类型匹配度，还是众筹平台的准入和收费上，抑或是众筹平台的运营能力考虑，发起人的首选方案都应以大型综合类涉农众筹平台为主，如淘宝众筹、京东众筹、众筹网、苏宁众筹、开始吧众筹等；而基于支持人利益考虑，从风险控制、回报率、众筹平台的数据公开和标准化建设程度来看，其最佳选择方案也是大型综合类涉农众筹平台。

（四）设计极具特色的农产品众筹项目

（1）研究农产品特点。农产品众筹项目发起人实地考察和调研农产品相关情况，从农产品特征、产地地域优势、生产自然条件与过程等方面挖掘要众筹的农产品的特色。（2）在重视农产品质量的同时深度挖掘农产品及发起人背后的故事，以详尽、真实、感人的众筹故事打动消费者，形成以品质服人、以故事感染人的农产品众筹项目主旨。策划与设计农产品众筹项目文案。根据已有内容和图片进行策划、整理、提炼和细化，加入能获取消费者信任并对消费者有吸引力的农产品信息，让消费者一看到农产品众筹项目信息就能感觉到农产品品质好、有保障，并且从传统途径不易购买到，以激发消费者的支持意愿。（3）丰富农产品众筹项目图片数量、提高视频质量，提高两者的信息含量。直观、丰富的众筹项目图片为消费者提供更多关于众筹项目和农产品的客观信息，提高了消费者对众筹项目的信任感，同时视频和图片还为消费者带来了视觉冲击，激发消费者的兴趣与支持意愿。收集农产品众筹项目有关素材。根据设计的众筹文档去收集农产品信息、文字内容、产品照片、视频、生产、种植照片等资料。（4）农产品众筹项目的界面设计与实现。应用界面设计软件实现农产品众筹项目的图文描述，设计制作农产品众筹项目的界面。提高农产品众筹项目进展说明的数量与质量，将发起人与支持人互动留言的截图发布在众筹项目进展说明处，利用这些截图增加农产品众筹项目的可信度，提高消费者对农产品众筹项目的关注度。

（五）保证要众筹的农产品质量高

农产品质量问题是消费者关注的焦点，农产品众筹项目发起人应重视农产品品质，提高农产品质量。农产品众筹项目的农产品生产者应强化诚信意识，合理使用化肥及农药，严格控制农产品种植、生产链上的每个阶段，保证农产品的绿色、安全、有机，保证农产品的高品质。生产者需要对农产品重要种植、生产节点进行拍照和拍视频，定期上传至农产品众筹平台，及时更新农产品众筹项目动态信息，供消费者浏览，消除消费者对农产品种植、生产环节的信息不对称。农产品众筹项目发起人要加强对众筹项目在线评论的管理，及时与消费者进行互动交流，增强农产品众筹项目的公信力。农产品众筹项目发起人提供农场及农业企业资质资料、绿色产品证书、质量合格证书、专利证书等相关资质证书，为消费者展示农场或农产品生产基地风貌，有助于增强消费者的信任程度，提升消费者参与农产品众筹的意愿。

（六）完善农产品质量资格认证工作

农产品众筹项目发起人要选择合适的农产品，完善农产品质量资质认证，借助农产品质量信号提高农产品众筹项目绩效。在进行农产品众筹的过程中，大部分的消费者都会将绿色、有机、生态等作为重要的参与标准，有无农产品质量认证成为重要的参考条件。名优特农产品的知名度较高，较易被消费者接受，众筹这样的农产品成功率较高。农产品众筹项目发起人应大力推动和完善要众筹的农产品质量相关的资格认证。引入第三方权威检测认证机构对要众筹的农产品进行质量认证。农产品众筹能够提供优质、有机、绿色、安全的农产品，是其受消费者青睐的主要原因。当前许多农产品众筹项目都声明众筹的农产品是按有机方式种植，不施农药、化肥，但除极少数的提供了检测认证证书外，大多数只是农产品众筹项目发起人的个人承诺。因此，农产品众筹项目发起人应出具由具有专业资质的第三方权威检测机构提供农产品质量检验报告和营养价值说明，提高消费者对要众筹的农产品品质的信任度。

大多数消费者在不了解要众筹的农产品的情况下，会将农产品品牌作为其质量的衡量标准，这就需要建立农产品品牌。可以根据农产品所处地域特色，将有关的地域元素、自然元素、人文元素等融入特色农产品品牌中去，建立以地域为核心的农产品品牌。增加对现有农产品品牌的扶持力度，提高农产品品牌的知名度。

（七）加强农产品众筹项目发起人及其团队的信用体系建设

将农产品众筹项目发起人及其团队信用信息纳入征信系统。实现大数据征信与传统征信联合来识别伪农产品众筹项目。当前传统征信系统覆盖比例较低，比较而言大数据征信的数据来源更广，包括信贷信息、社交网络和搜索行为等产生的大量信息，能够弥补传统征信覆盖面小的缺陷。实现大数据征信与传统征信联合，能从更加全面的角度来综合反映中小农业企业或个人的信用状况，让那些非法集资的伪农产品众筹项目不能发布。

（八）创新农产品众筹模式

农产品众筹项目发起人应注重打造农产品品牌，进行农产品众筹模式创新。改变现有小农场、小作坊的生产方式，不局限于“小众高端”的特色农产品，要大力发展面向普通消费者的低价、高质量农产品。可以采用现代化农业生产管理方式，引进现代化农业生产技术，扩大规模，有效保证新颖的农产品众筹项目的发展，促进农产品众筹项目向多元化、大众化、平价化的方向发展。

有效整合生产、技术、人力、流通、管理等资源，加强与农业管理部门、农技协、农业高校和科研机构的合作，引进农业先进生产技术，从整体上提高农业生产效率，加强防抗灾害能力，降低生产成本，大力发展普惠大众的农产品众筹项目和具有品牌影响力的优势农产品众筹项目。积极探索农产品众筹项目创新模式，注重农业科技成果项目、创意农业项目、农业休闲与文化体验项目的众筹，同时做好普惠大众的农产品众筹项目和高端小众的农产品众筹项目，满足不同消费者对农产品多样化的需求，将有助于促进农产品众筹模式的多样性和盈利模式的多样化。

农产品众筹项目发起人可对外开放农场养殖基地等，供消费者群体参观，提升消费者的信任度，提升农场的知名度，有利于打造农场、农产品品牌。农产品众筹项目发起人应注重增强和支持人的线下互动，构建双方稳固的信任关系。可定期举办节庆活动，邀请消费者参与农事体验、农产品采摘等活动。“线上监控+线下体验”的模式更有利于增进农产品众筹项目发起人与消费者双方彼此的信任，让消费者感受到归属感和满足感，增强支持意愿。

（九）加强与农业合作社和政府部门的合作

以众筹筹资模式预售农产品，只要当地具有领导地位的农业合作社达成一致，农民一般都会积极支持。这种合作方式可以降低与农民直接沟通的成本，农户更愿意通过农业合作社的帮助接受这种新型商业模式。加强与农业主管部门的合作。农业主管部门应出台针对农产品众筹的扶持政策，以期发挥农产品众筹在农村金融、农业现代化、农产品流通、促进农民增收等方面的独特作用，更好地助力“三农问题”的解决。农产品众筹能够发挥当地农产品品牌效应，促进当地农业经济的发展，因此也能够调动农业合作社与政府部门的积极性，农产品众筹能够实现多方共赢。

（十）构建农产品众筹项目风险防控体系和风险补偿机制

农产品众筹作为典型的互联网金融模式，其运作存在的各类风险使农产品众筹行业的信任度受到挑战，对各类风险的有效控制对整个农产品众筹项目的顺利运行至关重要。因此，应建立完善的农产品众筹项目风险控制机制，解决风险识别、风险评价和风险控制问题。在发起农产品众筹项目前，发起人对农产品众筹平台选择、众筹时限、众筹金额等要有预见性的决策设计，做好危机管理。

农产品众筹项目运作过程中，发起人、支持人和众筹平台都面临着不同类型的风险，如何把控和规避各参与方的风险，将各参与方收益和风险进行匹配，将有效促进农产品众筹项目顺利发展，实现多方共赢。需要构建政府、发起人、众筹平台、支持人四位一体的农产品众筹项目风险防控体系。政府管理部门应尽快出台和完善针对农产品众筹的专项法律法规，以减少农产品众筹项目的运作风险，保障农产品众筹行业的健康发展。

在农产品众筹项目方案细节中，发起人应通过签订协议、制定相关的流程规范等多种方式建立风险防控机制。加强农产品众筹平台信誉建设，实现对众筹项目筹资流向的有效管理，降低农产品众筹行业的信用风险。通过应用区块链技术，实现农产品众筹项目标的资产化、资产交易化、资产收益化和资产可跟踪等功能，通过合理的账户架构设计使资产可跟踪性清晰明了，在一定程度上解决众筹平台行业自律、诚信和风险等问题。

建立农产品众筹项目回报发放失败保险补偿机制。建立农产品众筹有关的保险制度，对农产品众筹项目筹资成功后，农产品生产以及配送过程中的自然灾害和市场风险，依据建立的保险制度进行理赔，降低农产品众筹项目农产品生产过程及配送过程中的损失。建立投资保险理赔制度，引入保险公司进行资金管理。建立由第三方平台管理的额外赔付基金，当农产品众筹项目筹资成功后，预留一部分资金作为额外赔付基金。对于自然灾害影响农产品质量、达不到支持人要求的情况，可通过购买农业保险来转嫁风险，保费可以与农产品众筹项目支持人共同分担。在合同中明确写明在出现众筹的农产品没有达到合同要求标准时应该如何处理，如何赔偿支持人的损失。

三、农产品众筹项目发布平台方面的对策建议

（一）制定严格的众筹项目准入机制

农产品众筹平台应对众筹项目发起人的资质进行严格审核，确保信息真实、有效，有目的地挑选有资格认证的众筹项目发起人（农户或中小农业企业），选取特色鲜明的农产品。主要挑选具有一定知名度、较好征信记录，具有绿色、有机农产品质量认证的中小农业企业进行合作。众筹平台需要把控农产品品质，众筹项目发起人（生产者）要与众筹平台签订承诺书，确保要众筹的农产品绿色、有机。农产品众筹平台对支持人的信息进行审核并附有风险提示义务。

农产品众筹作为带有预售性质的众筹项目，消费者对众筹项目发起人的信任至关重要。农产品众筹项目发起人应如实向众筹平台提供身份信息，以及农业从业经历信息。在农产品众筹平台展示众筹项目中有关农场或者农业企业的资质证明材料以及农产品质量资质证明相关证书，要求众筹项目发起人提供众筹项目有关的翔实资料，有助于消费者增强对农产品众筹项目发起人的信任。农产品众筹平台需要完善众筹项目的信用等级评价和黑名单制度，帮助农产品众筹项目发起人有效规避风险。在制定众筹项目资质评价标准时，加大对发起人主营农产品行业与众筹项目所属农产品行业的相关性、卖家认证、交纳保证金数额等反映发起人特征的指标的权重，给予达到评价标准的优质农产品众筹项目优先上线权。制定农产品质量行业标准，严格控制进入平台要众筹的农产品质量规格，有效推出优质的农产品众筹项目。

农产品众筹平台制定农产品众筹项目的准入门槛和众筹项目规范

性标准，对要发起的农产品众筹项目各个环节应严格审核。众筹平台须出台并细化农产品众筹相关的准入标准、保护机制、制度规范和信用评价机制等，规范发起人、支持人及众筹平台的众筹行为。设立专门的监督机构，明确监督主体和业务分工，大力提高消费者对农产品众筹的信任。农产品众筹平台应加强线下农产品众筹项目信息核实工作，加强对众筹项目可行性的论证。

（二）加强对农产品众筹项目运作信息的披露

互联网平台的虚拟性加剧了农产品众筹项目参与主体之间的信息不对称，提高农产品众筹项目的参与度，建立众筹项目支持人对发起人和众筹平台的信任关系，必须完善农产品众筹项目运作信息披露机制，做到及时公开运作信息。农产品众筹项目应该达到运作信息透明化、费用成本明细化、实物回报翔实化、实施办法具体化，从细节处消除农产品众筹项目支持人对发起人的信任危机，真正实现双方的信息充分交互与信任模式的建立。

向支持人公开农产品众筹项目筹资的使用情况及明细，这有利于保障支持人权利，也可以增强潜在消费者的信心和参与积极性。为了保证筹资的安全，众筹平台应将筹资委托第三方金融机构管理，发起人使用的每笔资金都需向第三方金融机构申请，并及时披露筹资的用途及流向，避免非法挪用，保证筹资安全。

农产品众筹平台成立专门的众筹项目信息追溯部门，严格监管农产品众筹项目的运作过程，建立统一的农产品质量安全追溯管理信息系统，应用大数据分析和区块链（blockchain）跟踪技术，追踪农产品各个环节的信息，力求保障众筹的农产品质量与支持人的预期要求相符。

利用物联网技术构建监控体系，让支持人及时通过视频观察农作物生长状况，严格把关农产品生产链上的每一个环节，这有利于解决农产品质量安全中的生产信息不对称问题，确保农产品品质。还可以邀请支持人进行实地考察，定期举办农场参观体验、采摘等活动，进一步提高农产品众筹项目的透明度，增进支持人与发起人彼此的信任。

农产品众筹平台还要加强对众筹项目的外部监督，严格把控农产品质量安全，防止出现农产品质量安全问题。监控农产品众筹平台的信息安全性与信息真实性，保证众筹项目运作信息透明化，降低众筹项目支持人的参与风险。

（三）加强对农产品众筹项目筹资的管理

加强农产品众筹平台的建设和管理，引导众筹项目发起人认清风险，帮助众筹项目支持人规避风险。在支持人、发起人、众筹平台三方之间搭建平台，邀请第四方（银行、金融机构、保险公司等）进行监管及信用保障。第四方介于众筹平台、发起人和支持人之间，代为管理农产品众筹项目筹资，同时对众筹平台和众筹项目发起人进行监督。在众筹项目农产品回报配送完成之后，再将筹资转入发起人账户。如果农产品众筹项目失败，第四方平台则会将筹资全部原路退还给支持人。

（四）建立多元化的盈利机制

现阶段农产品众筹平台的盈利主要是收取平台服务费。农产品众筹平台单一的盈利模式不能更快、更好地促进其发展，因此，农产品众筹平台应通过创新丰富有效的盈利模式，以促进农产品众筹的快速发展。农产品众筹平台完整的、形成链条机制的盈利模式需要通过探索和试错过程来创新。创新农产品众筹模式应用场景，与农场、农户发展多样化的合作方式，根据农场属性的不同，衍生出其他如农业观光、休闲采摘等利润点，农企也可利用农产品众筹平台流量大、受众广的优势开展筹资业务。

农产品众筹平台具有“双边市场”的特点，因此如何吸引农产品众筹项目发起人和支持人，成为众筹平台能否盈利的关键。农产品众筹平台必须创新服务方式，通过提高附加服务的差异化程度来获取竞争的比较优势，增加众筹项目发起人和支持人在众筹平台上的黏性，增加对“双边市场”的吸引力。

农产品众筹平台制定差异化策略。目前国内垂直型农产品众筹平台迫于生存压力多向综合型转变，平台之间经营模式同质化严重。垂直型众筹平台应根据外部经济、法律、社会环境的变化对平台的经营模式进行准确定位，在服务内容、业务特色、平台收费、款项拨付、风险控制、信息披露等方面与大型综合型众筹平台差异化发展，打造有竞争力的个性化农产品众筹平台。

（五）构建合理的农产品众筹项目评价机制

农产品众筹项目的评价机制建设相对滞后，已经成为制约农产品众筹发展的重要瓶颈因素。构建农产品回报配送完以后支持人对参与的众筹项目的评价体系，完善对众筹项目发起人和众筹项目的信用评级和黑名单制度，提高对发起人信誉评价的可信度，以全面保障支持人的权益，形成农产品众筹项目发起、运营和管理的长效机制。农产品众筹平台需要上线评价模块，对成功的众筹项目进行跟踪评价，以支持人参与众筹项目后的评价反馈为主要依据，构建透明而有效的农产品众筹项目评价机制，激励发起人提升农产品质量和服务质量，以全面提升支持人的参与体验。

通过建立科学的支持人评价体系以杜绝发起人借助非正当手段提高信用等级和好评率的行为。对发起人的评价指标，包括发起人能力指标（发起农产品众筹项目的经验能力、对要众筹的农产品的知识等)、时间指标(发起人用在众筹项目上的时间)、工作指标(发起人对消费者疑问的解答等)等，加强对回报农产品价值的评估，以避免发起人虚标农产品价格的行为。支持人对农产品众筹项目的评价指标，包括众筹项目的新颖性、农产品质量、对支持人的服务水平等。支持人对农产品众筹项目的评价信息，可为后来要参与众筹的消费者提供重要的决策参考。

(六) 加强对农产品众筹项目发起人知识产权的保护

农产品众筹平台作为众筹项目运作的中介组织，应当强化知识产权保护意识，提醒农产品众筹项目发起人对众筹项目申请知识产权保护，并提供适当的帮助。农产品众筹平台应当设定只有注册申请为众筹平台认定的合格的支持人才有权限查看众筹项目的详细信息，避免发起人的农产品众筹项目创意被剽窃。农产品众筹平台可允许众筹项目发起人采取线上与线下相结合的方式展示众筹项目：在线上，项目发起人只需对众筹项目进行简要的介绍；在线下，对有意支持众筹项目的消费者提供详尽的介绍。农产品众筹项目发起人需要对发起的众筹项目提前对商标、域名等各种商业标识申请保护，对农产品种植、生产的核心技术做好专利申请保护工作。

(七) 构建有效的利益协调机制

如果农产品众筹项目发起人利用虚假的众筹项目进行非法集资诈骗，筹资后“跑路”或把筹资用于别的用途，支持人会遭受欺诈，冲突发生。农产品众筹平台应构建有效的解决冲突的利益协调机制。出现冲突的根源在于农产品众筹项目发起人为了实现自身利益而与其他参与主体进行博弈。因此，农产品众筹平台构建的利益协调机制应该从利益均衡的角度出发，完善农产品众筹项目管理机制，明确发起人、众筹平台和支持人三者的权利和义务，通过相互制衡的工作机制大大降低参与主体之间信息不对称的程度，以减少利益冲突，保证农产品众筹项目的顺利运行。

四、农产品众筹项目支持人方面的对策建议

支持人要充分认识到农产品众筹无法改变传统农业生产的脆弱性、高风险性的特点。当出现气候、病虫害等风险导致农产品歉收，必然会影响支持人对众筹项目的满意度。支持人应做好承担风险的准备，并结合自身偏好、风险承受度等因素，选择信誉高、运行良好的农产品众筹平台发布的众筹项目。

农产品众筹项目支持人首先要学习众筹项目和有关农产品的知识，培养独立的判断能力，做到有效筛选、识别农产品众筹项目；其次要及时关注农产品众筹平台更新的众筹项目运作信息；最后要支持人还应学习农产品众筹筹资相关的法律法规知识，一旦农产品众筹项目筹资或农产品质量出现问题，能及时有效地进行维权，保证自身利益不受损害。

五、本章小结

本章从政府政策方面、农产品众筹项目发起人方面、农产品众筹项目发布平台方面和农产品众筹项目支持人方面提出农产品众筹项目发展的对策建议。政府政策方面的具体对策建议：完善农产品众筹相关法律法规体系、完善农村互联网软硬件基础设施和农产品物流配送体系、加强对农民互联网操作和农产品众筹知识的培训。农产品众筹项目发起人方面具体的对策建议：提高农民和消费者对农产品众筹的

认知度、应用各类媒体构建农产品众筹项目宣传推广渠道、选择声誉高的农产品众筹项目发布平台、设计极具特色的农产品众筹项目、保证要众筹的农产品质量高、完善农产品质量资格认证工作、加强农产品众筹项目发起人及其团队的信用体系建设、创新农产品众筹模式、加强与农业合作社和政府部门的合作、构建农产品众筹项目风险防控体系和风险补偿机制。农产品众筹项目发布平台方面具体的对策建议：制定严格的众筹项目准入机制、加强对农产品众筹项目运作信息的披露、加强对农产品众筹项目筹资的管理、建立多元化的盈利机制、构建合理的农产品众筹项目评价机制、加强对农产品众筹项目发起人知识产权的保护、构建有效的利益协调机制。农产品众筹项目支持人方面具体的对策建议：选择信誉高、运行良好的农产品众筹平台发布的众筹项目、学习众筹项目和有关农产品的知识，培养独立的判断能力、及时关注农产品众筹平台更新的众筹项目运作信息、学习农产品众筹筹资相关的法律法规知识。

农产品众筹项目商业模式与关键成功因素研究

Chapter 7

第七章　结论与展望

一、研究结论

本书首先分析了研究背景与研究意义，在此基础上提出所要研究的问题。在研究目标的指引下，形成主要研究内容。最后分析了农产品众筹项目的优势、劣势、机会和威胁，提出农产品众筹项目发展的对策建议。本书主要研究工作集中在以下四个方面：

第一，分析了农产品众筹的定义、农产品众筹项目的参与主体及具体业务和农产品众筹项目具体运作流程。从众筹项目商业模式和关键成功因素两大方面进行了文献综述，其中众筹项目关键成功因素文献综述细分与项目特点相关的众筹项目筹资成功影响因素研究、与发起人社会资本、管理能力及双方沟通交流相关的众筹项目筹资成功影响因素研究和与众筹平台功能相关的众筹项目筹资成功影响因素研究三方面。

第二，本书研究了六个农产品众筹项目商业模式：基于商业模式一般性研究框架、基于商业模式九要素模型、基于魏朱商业模式六要素模型、基于 Hamel 桥接模型、基于 Bouwman 商业模式结构、基于商业模式整合表达模型分别构建了六个农产品众筹项目商业模式模型，结合六个典型的农产品众筹项目案例，分析了六个农产品众筹项目商业模式的运作过程。

第三，本书从农产品众筹项目的农产品特色和项目特色因素分析、农产品众筹项目运作管理因素和农产品众筹项目流程管理因素三大方面分析了农产品众筹项目关键成功因素。其中农产品众筹项目运作管理因素细分为建立众筹平台市场准入制度和众筹平台严格的项目审核机制、农产品众筹项目运作中的宣传推广、沟通交流因素和多方社会资源合作因素三个方面。

第四，本书分析了农产品众筹项目的优势、劣势、机会和威胁。

从政府政策方面、众筹项目发起人方面、农产品众筹项目发布平台方面和农产品众筹项目支持人方面提出了农产品众筹项目发展的对策建议。

二、研究的不足之处

第一，农产品众筹在我国发展的历史还很短，其运作模式还不是特别成熟，随着农产品众筹项目参与主体的增多，其运作方式和商业模式会发生变化，逐渐向农业产业链服务模式转变，体现出复杂服务系统的特点。

第二，只选择了农产品众筹项目比较成熟的例子进行了研究；影响农产品众筹项目商业模式和成功的因素是多样的，有些因素可能没考虑到。

第三，由于我国农产品众筹仍处于不断探索发展的阶段，加上现实情况的制约，笔者无法对更多的农产品众筹项目进行调研，因此本书对农产品众筹项目商业模式与关键成功因素的验证采用案例分析的形式，未能以详细的数据和量化的指标来反映农产品众筹发展的实际情况，未能结合实际数据对农产品众筹项目商业模式与关键成功因素进行定量分析。

三、研究展望

未来农产品众筹将走向服务化。在农产品众筹未来的发展中，发起人与支持人需要的不仅仅是一个信息对接平台，他们需要农产品众筹能够提供更多层次的服务。农产品众筹服务生态体系的形成与快速发展，提出了许多具有挑战性和重要意义的新课题，比如新的参与主体加入到农产品众筹项目中，所构建的众筹模式会发生怎样的变化；不同情境下农产品众筹模式价值共创的拓扑结构和协同机制；新经济、技术环境下农产品众筹业务模式服务质量评价、服务流程优化；农产品众筹模式框架中参与主体价值动机、价值创造、价值获取之间的匹配对众筹项目成功率的影响研究，以及市场动态、技术动态对农产品众筹模式创新的影响尤其值得重点关注。

农产品众筹项目商业模式的构建及运行是一个动态的过程，随着农产品众筹项目运作所处情境的变化，会出现新的需要解决的问题。因此，要因地、因时的确定适合农产品众筹项目发展的商业模式，促进农产品众筹的发展。

为了有效提高农产品众筹项目的成功率，需要从众筹项目细节设计，农产品众筹项目依托的众筹平台与知名社交平台对接，如何充分挖掘、有效利用众筹项目发起人及其团队的社会资本，如何建立和完善农产品众筹相关法律法规，如何进行业务模式创新（如盈利与公益互动模式）、多方资源协作以及积极宣传推广农产品众筹项目等方面进一步深入研究农产品众筹项目成功的关键因素。

未来的农产品众筹需要建立一个以服务为核心的平台，不仅完成众筹项目发起人与支持人双方信息的对接，还时时推进众筹项目的进展。农产品众筹的服务化，主要包括：众筹项目服务团队的专业化、制度化、人性化；利用众筹平台的优势，聚集整合丰富的、多渠道的支持人资源；众筹平台深度介入农产品众筹项目运作流程管理。拓展农产品众筹项目类型，提供多元化服务。除了保障现有农产品众筹项目的顺利实施外，众筹平台还要尽可能探索现实可行的和农业生产其他环节有关的众筹项目类型，提供专业的、多样化的农业链条中的服务，打通整个农业生产的链条，扩展盈利模式，增强众筹平台的影响力。通过多样化的农产品众筹项目，提高众筹平台的实力和知名度，增强众筹平台的服务能力和盈利空间。

四、本章小结

本章总结全书主要结论、主要贡献、对实践的启示和不足之处，并展望需要进一步研究的问题和方向。农产品众筹未来发展将走向服务化，发起人与支持人需要的不仅仅是一个信息对接平台，他们还需要农产品众筹能够提供更多层次的服务。

参考文献

[1] 白航，刘志有．基于 SWOT 分析法的农业众筹发展策略研究——以新疆为例 [J]. 行政事业资产与财务，2019（4）：33－34.

[2] 陈亮．基于众筹视角的互联网金融创新模式实证研究 [J]. 特区经济，2015（3）：55－56.

[3] 陈玉婕，倪宁曦，荀小菊．创新创业环境下众筹项目成功与否的影响因素研究 [J]. 上海经济研究，2015（11）：12－19.

[4] 程宣梅，陈侃翔，林汉川，等．以农业众筹带动农村包容性创业 [J]. 浙江经济，2015（1）：44－45.

[5] 崔煜雯，郭丽芳，戴宏，等．"互联网＋"视域下农业众筹风险防范机制构建研究 [J]. 北方园艺，2019（2）：186－190.

[6] 但斌，郑开维，邵兵家．基于消费众筹的"互联网＋"生鲜农产品供应链预售模式研究 [J]. 农村经济，2017（2）：83－88.

[7] 邓凯元，吴容容，王昊．互联网金融背景下农业企业众筹融资模式研究 [J]. 金融经济，2018（3）：145－146.

[8] 杜俊娟，李姚矿．农产品众筹发起人特征对融资达成率的影响研究——基于信任理论视角 [J]. 中国农村经济，2018（3）：15－28.

[9] 方志远．商业模式创新战略 [M]. 清华大学出版社，2014.

[10] 冯婧婷．农业众筹的风险控制与防范 [J]. 银行家，2016（7）：99－101.

[11] 付新．农业众筹融资运行机理研究 [D]. 贵阳：贵州财经

大学，2016.

[12] 郭梦飞，赵敏．基于 PEST 分析的中国农业众筹发展研究 [J]. 湖北农业科学，2016，55（18）：4882－4885，4889.

[13] 国务院．《推进普惠金融发展规划（2016—2020 年）》[EB/OL]．[2019/1/6]. http：//www. gov. cn/xinwen/2016－01/15/content_5033195. htm.

[14] 国务院．关于落实发展新理念加快农业现代化　实现全面小康目标的若干意见 [EB/OL]．[2019/1/6]. http：//www. gov. cn/zhengce/2016－01/27/content_5036698. htm.

[15] 韩炜．基于商业模式创建的新企业成长过程研究 [J]. 软科学，2010，24（9）：95－99，106.

[16] 何临，李华，杨碧波．农产品电商众筹发展现状及建议 [J]. 农业展望，2017（7）：85－89.

[17] 后东玥，梁林蒙．农产品众筹发展的问题与策略 [J]. 电子商务，2017（6）：60－62.

[18] 黄健青，陈欢，李大夜．基于顾客价值视角的众筹项目成功影响因素研究 [J]. 中国软科学，2015（6）：116－127.

[19] 黄健青，黄晓凤，殷国鹏．众筹项目融资成功的影响因素及预测模型研究 [J]. 中国软科学，2017（7）：91－100.

[20] 黄健青，刘雪霏，郑建明．众筹项目成功的关键因素——基于 KIA 与 AON 融资模式的实证研究 [J]. 财贸经济，2015（9）：74－84.

[21] 黄玲，周勤．创意众筹的异质性融资激励与自反馈机制设计研究——以“点名时间”为例 [J]. 中国工业经济，2014，（7）：135－147.

[22] 黄漫宇，李若男．农业众筹项目融资绩效影响因素的实证分析 [J]. 统计与决策，2018（11）：172－175.

[23] 黄欣乐，张小龙，刘飞翔．农业众筹的优势、风险及发展

对策探讨［J］. 福建农业学报，2015，30（9）：914－918.

［24］贾立，陈珏．绿色金融背景下产品型农业众筹发展思路探究［J］. 西南金融，2018（3）：36－41.

［25］蒋文龙，崔丽．玩转农业众筹，助推品牌农业［J］. 江西农业，2015（5）：19－22.

［26］鞠彦辉，许燕，啜华．基于 Osterwalder 参考模型的农村图书馆众筹模式研究［J］. 现代情报，2017（21）：31－34.

［27］鞠彦辉，许燕，何毅．共享经济驱动的农村图书馆众筹模式——一个多案例研究［J］. 图书馆学研究，2017（21）：31－34.

［28］鞠彦辉，许燕，胡庆功．农村民间图书馆众筹项目运行保障机制研究［J］. 图书馆，2018（2）：90－99，111.

［29］鞠彦辉，许燕，伞晓丽．农村民间图书馆众筹项目成功的关键因素［J］. 图书馆论坛，2018（2）：90－96.

［30］李建军，张雨晨．众筹与小微经济体融资的匹配性——基于信息搜寻的视角［J］. 河北经贸大学学报，2014，35（6）：113－119.

［31］李云风．互联网金融背景下农业企业众筹融资模式研究［J］. 现代商业，2018（3）：43－44.

［32］李战奎．“互联网＋”背景下农业众筹发展现状及推进路径［J］. 农业经济，2018（2）：96－97.

［33］林笑．农业众筹：跨界新模式［J］. 农经，2014（8－9）：54－57.

［34］刘仍前．农业众筹项目融资影响因素研究［D］. 泰安：山东农业大学，2017.

［35］刘志迎，程倩倩．众筹中创新项目质量和报酬率的激励效应研究［J］. 上海管理科学，2015，37（3）：13－18.

［36］吕映秀，郭丽芳，马家齐．“互联网＋”环境下农业众筹发展现状及对策研究［J］. 管理现代化，2017（6）：4－7.

［37］牟晓娜．“互联网＋”时代下农业众筹发展研究［J］. 绿

色科技，2017（22）：166－167.

[38] 聂玲，余增辉. 农业众筹法律风险防范研究 [J]. 长春师范大学学报，2017，36（3）：44－47.

[39] 彭翠叶. 网上众筹项目筹资对比研究 [D]. 成都：西南财经大学，2013.

[40] 祁迹. 农产品众筹融资效率影响因素的实证研究 [D]. 武汉：华中师范大学，2017.

[41] 乔坤，马晓蕾. 论案例研究法与实证研究法的结合 [J]. 管理案例研究与评论，2008，2（1）：62－67.

[42] 邱碧珍. 基于 Osterwalder 商业模式画布的产品型农业众筹模式研究 [J]. 平顶山学院学报，2019，34（2）：78－84.

[43] 荣娅. 我国农业融资新模式农业众筹研究 [D]. 广州：华南农业大学，2016.

[44] 阮素梅，蔡茹雪. 内容社交＋众筹模式下农产品众筹绩效影响因素分析——基于京东众筹的实证研究 [J]. 经济问题，2019（4）：55－61.

[45] 史莹娟，邱峰，蒯庆梅. 聚焦农业众筹：效应、困境及推进策略 [J]. 农村金融研究，2017（5）：68－72.

[46] 孙晶晶. "互联网＋"背景下我国农业众筹发展研究 [J]. 金融理论与实践，2016（10）：108－110.

[47] 孙永祥，何梦薇，孔子君，等. 我国股权众筹发展的思考与建议——从中美比较的角度 [J]. 浙江社会科学，2014（8）：146－151.

[48] 孙玥，苟天来. 互联网农业众筹成功的项目展示因素分析——以"大家种"农业众筹平台为例 [J]. 北京农学院学报，2017，32（4）：89－92.

[49] 谭汉虎. 出资人授权感知对农业众筹项目绩效的影响 [D]. 海口：海南大学，2018.

[50] 汤佳．众筹平台的商业模式研究［D］．广州：暨南大学，2015.

[51] 王安琪．“互联网＋”背景下农业众筹面临的机遇与挑战——以“大家种”网为例［J］．电子商务，2015（9）：42－43，79.

[52] 王劲屹．交易费用视角下农业众筹发展模式研究［J］．农村金融研究，2018（12）：64－68.

[53] 王萍萍，韩一军，刘乃郗，等．网页交互与发起人资历对农业众筹项目融资绩效的影响［J］．科技进步与对策，2018，35（10）：45－51.

[54] 王潇，侯文静，赵继云．通过众筹模式推动农业经济发展的几点建议［J］．经贸实践，2017（1）：81.

[55] 王雪冬，董大海．国外商业模式表达模型评价与整合表达模型构建［J］．外国经济与管理，2013，35（4）：49－61.

[56] 王亦明，王粹月，冯利民．农业众筹：破解家庭农场融资困境新模式［J］．农村金融研究，2016（8）：69－72.

[57] 王月梅．“淘宝农业众筹”的商业模式［J］．企业研究，2015（3）：24－25.

[58] 魏江，刘洋，应瑛．商业模式内涵与研究框架建构［J］．科研管理，2012，33（5）：107－114.

[59] 魏炜，朱武祥，林桂平．商业模式的经济解释：深度解构商业模式密码［M］．北京：机械工业出版社，2015.5.

[60] 武雅敏，郭丽芳，马家齐．互动感知、信任与农业众筹参与意愿的影响研究［J］．世界农业，2018（3）：71－77.

[61] 肖建，贾晋．农业众筹融资成功的影响因素研究——基于多平台的对比分析［J］．经济体制改革，2017（3）：82－88.

[62] 谢天．我国农业众筹发展绩效评价与战略对策研究［D］．长春：吉林大学，2018.

[63] 新华社. 中共中央国务院关于坚持农业农村优先发展做好“三农”工作的若干意见 [EB/OL]. [2019/2/19]. http://www.gov.cn/zhengce/2019-02/19/content_5366917.htm.

[64] 徐妍，陈美方，许兴登. 农业众筹的发展现状及推进路径 [J]. 宏观经济管理，2016 (5): 66-68.

[65] 杨森，张洁慧. 中国农业众筹现状及发展路径 [J]. 农业展望，2018 (11): 29-34.

[66] 杨婉茹. 农业奖励型众筹项目成败影响因素分析 [D]. 沈阳：沈阳农业大学，2017.

[67] 姚慧丽，张耀东. Osterwalder 参考模型视角下众筹商业模式分析 [J]. 商业时代，2014 (15): 97-99.

[68] 叶荣榕. 农民参与农业众筹项目的意愿研究 [D]. 福州：福建农林大学，2018.

[69] 易丹妮. “互联网+”背景下我国众筹农业的现状及运行模式 [D]. 武汉：武汉轻工大学，2017.

[70] 曾江洪，甘信禹. 社会资本对众筹项目融资成功率影响的实证研究 [J]. 技术经济，2014, 33 (11): 90-95.

[71] 曾江洪，李林海. 质量信号对农业众筹项目融资成败影响的实证研究 [J]. 广西社会科学，2017 (6): 78-83.

[72] 张家卫，吴鹏. 众筹学：理论与实践 [M]. 北京：清华大学出版社，2017.

[73] 张雅，孙晓辉. 农业众筹的起源、特点与未来 [J]. 中国农业大学学报（社会科学版），2016, 33 (6): 96-105.

[74] 张岩，冯洁昕，吴均，等. 浅析农业众筹——以众志成橙为例 [J]. 天津农林科技，2018 (5): 29-31.

[75] 赵海鸥. 农业遇到“众筹”将带来怎样的革新？[J]. 村委主任，2014 (11): 54-55.

[76] 郑海超，黄宇梦，王涛，等. 创新项目股权众筹融资绩效

的影响因素研究［J］. 中国软科学，2015（1）：130－138.

［77］郑海超，齐子豪，伍晶，等. 产品众筹项目融资绩效的影响因素研究：ELM 理论视角［J］. 电子科技大学学报（社科版），2015，17（1）：45－50.

［78］郑筱婷，商诗语. 公益特征对农产品众筹金额和成功可能性的影响：基于众筹网的实证研究［J］. 产经评论，2019，10（1）：56－71.

［79］周镕基，刘琮. 当前农业众筹发展的短板及策略［J］. 农业经济，2018（10）：48－50.

［80］周小斌. 众筹模式融资可得性影响因素研究［D］. 长沙：湖南大学，2014.

［81］周宇燕，时洪洋. 我国农业众筹的风险及对策研究［J］. 改革与战略，2017，33（9）：100－102，110.

［82］朱海波. 农业众筹对普惠金融创新与农业发展的影响研究［J］. 农村金融研究，2016（12）：65－70.

［83］Agarwal，A.，Catalini，C.，and Goldfarb，A. Entrepreneurial Finance and the Flat－World Hypothesis：Evidence from Crowd－Funding Entrepreneurs in the Arts［EB/OL］.［2019/1/8］. NBER Working Paper，2010.

［84］Ahlers G. K. C.，Cumming D.，Günther，Christina，et al. Signaling in Equity Crowdfunding［J］. Entrepreneurship Theory and Practice，2015，39（4）：955－980.

［85］Ajay Agrawal，Christian Catalini，Avi Goldfarb. Crowdfunding：Geography，Social Networks，and the Timing of Investment Decisions［J］. Journal of Economics & Management Strategy，2015，24（2）：253－274.

［86］Bernardo Balboni. How Can Social Enterprises Develop Successful Crowdfunding Campaigns An Empirical Analysis on Italian Context

[EB/OL]. [2019/1/8]. http://papers.ssrn.com/sol3/papers.cfm?abstract_id=2430463.

[87] Bouwman H. State Of the Art on Business Models [EB/OL]. [2019/1/16]. http://www.scribd.com/doc/14666/Bouwman-H-2003-State-of-the-Art-Business-Models, 2003.

[88] Cordova, A.; Dolci, J. and Gianfrate, G. The Bearable Lightness of Crowdfunding: Evidence from Technology Projects [C]. The 4th European Conference on corporate R&D and innovation, 2013.

[89] Cumming D. J., Leboeuf G., Schwienbacher A. Crowdfunding Models: Keep-it-All vs. All-or-Nothing [EB/OL]. [2019/1/6]. http://ssrn.com/abstract=2447567, 2014.

[90] E. Vasileiadou, J. C. C. M. Huijben, R. P. J. M. Raven. Three is a crowd? Exploring the potential of crowdfunding for renewable energy in the Netherlands [J]. Journal of Cleaner Production, 2015, 128: 142-155.

[91] Eisenhardt K. M. Building Theories from Case Study Research [J]. Academy of Management Joumal, 1989, 14 (4): 532-550.

[92] Evers M. Main Drivers of Crowdfunding Success: A Conceptual Framework and Empirical Analysis [D]. Rotterdam: Master Thesis Rotterdam School of Management, Erasmus University, 2012.

[93] Gordon Burtch, Anindya Ghose. An Empirical Examination of Peer Referrals in Online Crowdfunding [C]. Thirty Fifth International Conference on Information Systems, Auckland, 2014: 1-16.

[94] Gordon Burtch. Herding Behavior as a Network Externality [C]. Thirty Second International Conference on Information Systems, Shanghai, 2011: 1-15.

[95] Hamel G. Leading the revolution [M]. Boston: Harvard Business School Press 2000: 77-82.

[96] Javier Ramos. Crowdfunding and the Role of Managers in Ensu-

ring the Sustainability of Crowdfunding Platforms [EB/OL]. [2019/1/8]. JRC – IPTS Working Papers, 2014.

[97] Jens Christian Kobberø. Crowdfunding – The development of an online community [D]. Copenhagen Business School, 2014.

[98] Jordan Robert Gamble, Michael Brennan, Rodney McAdam. A Rewarding Experience? Exploring How Crowdfunding is Affecting Music Industry Business Models [J]. Journal of Business Research, 2017, 70: 25 – 36.

[99] Julie S. Hui, Michael D. Greenberg, Elizabeth M. Gerber. the Role of Community in Crowdfunding Work [J]. Collective Intelligence, 2015: 1 – 4.

[100] KANG L, JIANG Q, TAN C. Remarkable Advocates: An Investigation of Geographic Distance and Social Capital for Crowdfunding [J]. Information & Management, 2017, 54 (3): 336 – 348.

[101] Kuppuswamy V., Bayus B. L. Crowdfunding Creative Ideas: The Dynamics of Project Backers In Kickstarter [EB/OL]. [2018/12/28]. http: //ssrn. com/abstract = 2234765.

[102] Lin, M., Prabhala, N., and Viswanathan, S. Judging Borrowers by the Company They Keep: Friendship Networks and Information Asymmetry in Online Peer – to – Peer Lending [J]. Management Science, 2013, 59 (1): 17 – 35.

[103] Massimo G. Colombo, Chiara Franzoni, Cristina Rossi – Lamastra. Internal Social Capital and the Attraction of Early Contributions in Crowdfunding [J]. Entrepreneurship Theory and Practice, 2015, (1): 75 – 100.

[104] Michael Beier, Kerstin Wagner. Crowdfunding Success: A Perspective from Social Media and E – Commerce [C]. Thirty Sixth International Conference on Information Systems, Fort Worth 2015: 1 – 17.

[105] Mollick. The dynamics of crowdfunding: An exploratory study [J]. Journal of Business Venturing, 2014, 29 (1): 1 -16.

[106] Moutinho N. , Leite P. Critical Success Factors in Crowdfunding: The Case of Kickstarter [J]. Securities Markets Review, 2013 (45): 8 -32.

[107] Olivier Braet, Sander Spek. Crowdfunding the Movies: A Business Analysis to Support Moviemaking in Small Markets [C]. EuroITV2010, June 9 -11, 2010: 221 -227.

[108] Paul Belleflamme, Thomas Lambert, Armin Schwienbacher. Crowdfunding: Tapping the right crowd [J]. Journal of Business Venturing, 2014, 29 (5): 585 -609.

[109] Schwienbacher, A. , B. Larralde. Crowdfunding of Small Entrepreneurial Ventures [M]. The Oxford Handbook of Entrepreneurial Finance. Oxford: Oxford University Press, 2010.

[110] Shengsheng Xiao, Xue Tan, Ming Dong, Jiayin Qi. How to Design Your Project in the Online Crowdfunding Market Evidence from Kickstarter [C]. Thirty Fifth International Conference on Information Systems, Auckland, 2014: 1 -8.

[111] WANG Z, LI H, LAW R. Determinants of Tourism Crowd-Funding Performance: An Empirical Study [J]. Tourism Analysis, 2017, 22 (3): 323 -336.

[112] Yang Liu, Prasanta Bhattacharya, Zhenhui (Jack) Jiang. Video - Evoked Perspective Taking on Crowdfunding Platforms Impacts on Contribution Behavior [C]. Thirty Fifth International Conference on Information Systems, Auckland, 2014: 1 -9.

[113] Yin R. Case Study Research: Design and Methods (5ed) [M]. SAGE Publications, Inc, 2013.

[114] Young Geul Yoo, Young Chan Choe. Current Status of Korean

Crowdfunding Industry and its Applicability to Agrifood Sector [J]. Advanced Science and Technology Letters, 2014, 49 (SoftTech): 213 -221.

[115] Zheng H., Li D., Wu J., et al. The role of multidimensional social capital in crowdfunding: A comparative study in China and US [J]. Information & Management, 2014, 51 (4): 488 -496.

[116] ZHENG H., HUNG J., QI Z., et al. The Role of Trust Management in Reward - Based Crowdfunding [J]. Online Information Review, 2016, 40 (1): 97 -118.

[117] Zheng, Haichao; Wan, Neng; Chen, Dongyu; and Wang, Tao. Antecedents Of Project Implementation Success In Crowdfunding [C]. PACIS 2014 Proceedings, 2014: 1 -12.

[118] Zhou M. J., Lu B. Z., Fan W. G., et al. Project Description and Crowdfunding Success: An Exploratory Study [J]. Information Systems Frontiers, 2018, 20 (2): 259 -274.